Hanbit
RealTime
140

C#과 데이터베이스로 누구나 쉽게

# 주식 자동매매 시스템 만들기

이경오 지음

한빛미디어
Hanbit Media, Inc.

표지 사진 **김수경**

이 책의 표지는 김수경 님이 보내 주신 풍경사진을 담았습니다.
리얼타임은 독자의 시선을 담은 풍경사진을 책 표지로 보여주고자 합니다.

사진 보내기 ebookwriter@hanbit.co.kr

C#과 데이터베이스로 누구나 쉽게 **주식 자동매매 시스템 만들기**

**종이책 2쇄발행** 2017년 4월 17일
**전자책 발행** 2017년 2월 24일

**지은이** 이경오 / **펴낸이** 김태헌
**펴낸곳** 한빛미디어(주) / **주소** 서울시 마포구 양화로7길 83 한빛미디어(주) IT출판부
**전화** 02-325-5544 / **팩스** 02-336-7124
**등록** 1999년 6월 24일 제10-1779호 / **ISBN** 978-89-6848-735-4  93000

**총괄** 전태호 / **기획·편집** 정지연
**디자인** 표지 강은영, 내지 여동일, 조판 최송실 / **제작** 박성우, 김정우
**마케팅** 박상용, 송경석, 변지영 / **영업** 김형진, 김진불, 조유미

이 책에 대한 의견이나 오탈자 및 잘못된 내용에 대한 수정 정보는 한빛미디어(주)의 홈페이지나 아래 이메일로 알려주십시오.
**한빛미디어 홈페이지** www.hanbit.co.kr / **이메일** ask@hanbit.co.kr

**지금 하지 않으면 할 수 없는 일이 있습니다.**
책으로 펴내고 싶은 아이디어나 원고를 메일(ebookwriter@hanbit.co.kr)로 보내주세요.
한빛미디어(주)는 여러분의 소중한 경험과 지식을 기다리고 있습니다.

**저자 소개**

**지은이_이경오**

광운대학교 컴퓨터소프트웨어학과를 졸업하고 2009년 키움증권 전산실에서 사회생활을 시작하였습니다. 이후 흥국생명 전산실에서 SM 업무를 수행하였고, KG모빌리언스에서 차세대 시스템 구축 프로젝트를 담당하였습니다. 현재는 데이터 관련 IT서비스 전문기업인 (주)비투엔에서 데이터 컨설턴트로 활동하고 있습니다.

**보유 자격증**

- SQL 개발자(국가공인 SQL Developer, 한국데이터베이스진흥원)
- SQL 전문가(국가공인 SQL Professional, 한국데이터베이스진흥원)
- 리눅스마스터 1급(Linux Master 1st, 한국정보통신진흥협회)

**운영 블로그**

- http://blog.naver.com/dbmsexpert

**저서**

- 개발자를 위한 오라클 SQL 튜닝(한빛미디어, 2016)

**소스 코드 다운로드**

- http://www.hanbit.co.kr/src/2846

필자는 2009년 키움증권의 서버 개발과 유지보수 업무로 사회생활을 시작하였습니다. 자연스레 증권 관련 지식을 습득하였고, 소액으로 주식투자를 시작하게 되었습니다. 하지만 결과는 대참패였습니다. 원금을 거의 잃었으며 스트레스도 많이 받았습니다. 주식투자 실패의 원인을 분석해보니 대부분 주식(개인)투자자가 실패하는 방식과 저 또한 크게 다를 것이 없었습니다.

주식투자자들이 주식투자에 실패하는 원인은 다음과 같습니다.

1. 주식 투자에 대한 명확한 기준과 원칙이 없습니다. 즉, 목표가와 손절가가 명확하지 않습니다.

2. 목표가와 손절가를 명확하게 하여 특정 주식에 투자한다 하더라도 목표가와 손절가를 지키지 않습니다(수익을 실현하면 더 큰 욕심이 나서 팔지 못하고, 손절매하게 되면 아까워서 팔지 못합니다).

3. 보유한 종목이 하락하면 언젠가는 오르겠지 하는 막연한 기대감으로 기다리다가 어느 순간 감정에 휘말려 팔아 버립니다(해당 주식을 판 그 순간이 바닥이었을 확률이 높고 이후 주식은 제자리를 찾게 됩니다).

4. 정확한 분산투자를 하지 못하고, 한 종목에 모든 자금을 투자할 확률이 높습니다.

5. 처음에는 분산투자를 했다 하더라도 투자한 종목 중 한 종목이 손실을 보면 떨어지는 종목에 가진 모든 자금을 투자합니다.

이 외에도 무수히 많은 이유로 개인투자자들이 주식시장에서 성공하는 것은 하늘의 별 따기입니다. 하지만 주식투자를 사람이 아닌 컴퓨터(프로그램)가 자동으로 대신해 준다면 주식투자에 성공할 확률이 높아집니다. 이는 인간의 순간적인 감정과 욕심 등을 컴퓨터는 알지 못하기 때문입니다.

주식을 자동으로 거래하면 많은 이점이 있는데, 몇 가지를 꼽으면 다음과 같습니다.

1. 주어진 목표가와 손절가에 맞게 주식을 매수 및 매도하게 됩니다. 감정에 휘둘리지 않고 목표가에 수익을 실현하고 손절가에 손실을 중단합니다.

2. 정확한 분산투자가 가능합니다. 여러 종목에 자금을 정확하게 분배함으로써 위험을 예방할 수 있습니다. 이는 정확한 분산투자로 펀드에 투자하는 것과 같은 효과도 누릴 수 있습니다.

3. 전업투자자가 아닌 일반투자자도 온종일 주식투자에 매진하는 효과를 누릴 수 있습니다.

4. 데이터 분석을 통해 자신만의 투자기법을 발견 또는 구상할 수 있습니다.

최근 들어 많은 증권사가 자동으로 주식을 매매할 수 있도록 Open API를 출시하였습니다. 이 책은 이러한 시대의 변화에 발맞추어 IT 전문가가 아니어도 주식을 자동으로 매매할 수 있는 시스템을 구축할 수 있도록 최대한 쉽고 상세하게 썼습니다. 주식 자동매매에 관심이 있는 사람은 누구나 이 책을 보면서 하나하나 차근차근 따라 하다 보면 자신만의 주식 자동매매 시스템을 구축할 수 있게 됩니다.

많은 사람이 자동매매 시스템으로 주식투자를 하여 큰 손실을 보는 개인투자자가 한 명이라도 줄기를 바라며 더 나아가 개인투자자들의 자금이탈을 막아 대한민국 경제에 큰 보탬이 되기를 기원해 봅니다.

# Part 1

# 주식 자동매매 시스템
# 구축을 위한 준비

Part 1에서는 주식 자동매매 시스템을 구축하는 데 필요한 준비 작업을 합니다. 자동매매 시스템의 개요와 시스템 구성도에 대해 알아보고, 자동매매 시스템 개발을 위한 환경을 구축합니다. 마지막으로 자동매매 시스템에서 사용할 오라클 DBMS를 구축하고 테이블을 생성합니다.

# chapter 1

# 주식 자동매매 시스템의 개요

이번 장에서는 주식 자동매매 시스템의 개요를 살펴봅니다. 자동매매 시스템이 무엇인지와 해당 시스템으로 주식투자를 할 때의 이점을 설명합니다. 또한, 이 책에서 구현할 자동매매 시스템의 구성에 대해서도 살펴보겠습니다.

## 1.1 자동매매 시스템이란

자동매매 시스템Auto Trading System이란 주식 거래를 자동으로 해주는 시스템을 말합니다. 사용자(User 또는 Client)가 직접 매매주문을 내지 않고도 시스템이 사용자가 정한 특정한 조건이나 매매 기법에 따라 자동으로 거래를 합니다.

최근 들어 많은 증권사에서 사용자가 직접 자동매매 시스템을 구축할 수 있게 Open APIApplication Programming Interface를 제공하고 있습니다. 사용자는 Open API 에서 제공하는 함수 호출과 이벤트 수신을 통해 증권사 Open API 전용 서버에 데이터 조회 또는 주식 주문 등을 요청하고, 증권사의 Open API 전용 서버는 사용자의 요청을 처리하여 처리 결과를 돌려줍니다.

개인투자자들이 가장 많이 사용하는 키움증권 또한 Open API를 출시하였습니다. 이 책에서는 키움증권에서 제공하는 Open API를 연동하여 주식을 자동으로 거래할 수 있는 자동매매 시스템을 구축하겠습니다.

주식을 자동매매함으로써 얻는 장점은 다음과 같습니다.

- 시스템이 자동으로 매수/매도를 대신해 줌으로써 전업 투자자가 아닌 일반 투자자(직장인 또는 자영업)에게 유리합니다.
- 주식을 매수한 후 목표가에 도달한 경우 감정에 휘둘리지 않고 수익 실현이 가능합니다.
- 주식을 매수한 후 손절가를 이탈한 경우 감정에 휘둘리지 않고 손절매가 가능합니다.
- 거래종목 설정을 통한 정확한 분산투자가 가능합니다.
- 자신만의 매매 원칙을 시스템화하여 한번 구현해 놓으면 영구적으로 사용할 수 있습니다.

## 1.2  자동매매 시스템의 구성

이 책에서 만드는 자동매매 시스템은 윈도우에서 구동되는 C# 원폼 프로그램을 만들고, 해당 프로그램에 키움증권에서 제공하는 Open API 모듈을 연동하여 구현합니다. 그리고 오라클 DBMS를 연동하여 데이터를 관리하게 됩니다. 이 시스템의 구성은 다음과 같습니다.

그림 1-1 자동매매 시스템 구성도

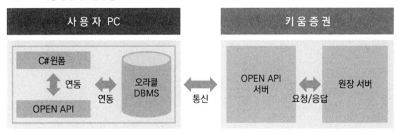

먼저 C# 언어로 원폼 프로그램을 구현하여 키움증권에서 제공하는 Open API 모듈을 연동합니다. 그다음 C# 원폼 프로그램과 오라클 DBMS를 연동하고, 매수/매도주문 또는 특정 정보를 키움증권 Open API 서버에 요청하여 가져옵니다. 키움증권의 Open API 서버는 키움증권의 원장 서버와 연동하여 실제로 주문을 한국거래소로 내보냅니다.

# chapter 2

# 자동매매 시스템 개발환경 구축

이번 장에서는 자동매매 시스템을 개발하는 데 필요한 개발환경을 구축합니다. 자동매매 시스템을 개발하려면 여러 가지 개발환경이 필요한데 지금부터 한 단계씩 차근차근 따라 하면서 구축해 봅시다. 시작이 반이라고 했습니다. 개발환경 구축에 성공한다면 이미 개발의 절반은 끝난 것입니다.

## 2.1 키움증권 가입

키움증권에서 제공하는 Open API를 이용하려면 일단 키움증권에 가입해야 합니다. 가입 철차는 다음과 같습니다.

1. 키움증권 홈페이지(http://www.kiwoom.com)에 접속합니다.

그림 2-1 키움증권 홈페이지

2  [회원가입]을 클릭하고 안내에 따라 회원가입을 진행합니다.

3. 키움증권과 거래 가능 은행(우리은행, 국민은행, 하나은행 등)의 증권계좌를 개설합니다.

4. 증권계좌 개설 후 키움증권 홈페이지에 로그인하여 계좌를 연동합니다.

## 2.2 Open API 사용신청

증권계좌 개설까지 마치면 Open API 사용신청을 합니다. 키움증권은 Open API 사용약관에 동의한 고객에게만 해당 Open API를 사용할 권한을 주고 있습니다. Open API 사용신청 방법은 다음과 같습니다.

1. 키움증권 홈페이지에 아이디와 비밀번호, 공인인증 비밀번호를 입력하고 로그인합니다.

2. 홈페이지 하단의 메뉴 중에서 [트레이딩채널 → Open API]를 클릭합니다.

그림 2-2 키움증권 Open API 페이지 접속

3. 화면에 보이는 여러 항목 중 '서비스 사용 등록/해지' 탭을 클릭합니다.

그림 2-3 Open API 서비스 사용 등록/해지 항목 선택

4. '키움 Open API 이용 유의 사항'과 '키움 Open API 사용자 계약서' 동의 표시에 체크한 후 [서비스 사용 등록] 버튼을 누릅니다.

그림 2-4 Open API 서비스 등록

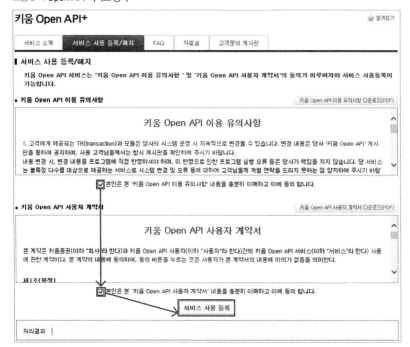

5. 해당 페이지 하단의 '처리결과'에 '등록이 완료되었습니다.'라는 메시지가 나오는지를 확인합니다.

6. 등록 후 다시 '서비스 사용 등록/해지' 항목을 클릭하면 다음 그림과 같이 등록된 내용을 확인할 수 있습니다.

그림 2-5 Open API 서비스 사용 등록 확인

7. [등록하기] 버튼을 눌러 Open API 사용 신청을 완료합니다.

## 2.3 영웅문3/번개2/Open API 모듈 설치

키움증권 Open API와 연동하려면 다음 3가지 프로그램이 필요합니다.

- 키움증권의 HTS 프로그램인 영웅문 III
- 번개 II
- Open API 모듈

이 3가지 프로그램이 반드시 PC에 설치되어 있어야 하며, 영웅문Ⅲ, 번개Ⅱ, Open API 모듈 순으로 설치해야 정상적으로 작동합니다. 각 프로그램의 역할을 다음과 같습니다.

표 2-1 설치 프로그램의 역할

| 프로그램명 | 역할 |
| --- | --- |
| 영웅문Ⅲ | Open API 모듈에서 조건 검색에 관한 기능은 영웅문Ⅲ에 기반하여 키움증권 서버와 통신합니다. |
| 번개Ⅱ | Open API 모듈은 번개Ⅱ 클라이언트를 기반으로 사용자의 요청을 처리합니다. 사용자는 Open API를 호출하고 Open API는 번개Ⅱ를 이용하여 키움증권 Open API 서버와 통신합니다. |
| Open API 모듈 | C# 프로그램에서 Open API를 사용하려면 해당 모듈이 필요합니다. Open API는 OCX^OLE Custom Control 방식으로 구성되어 있으며, 사용자는 C# 프로그램에서 해당 모듈을 참조하여 Open API의 각 기능을 이용할 수 있습니다. |

## 영웅문Ⅲ와 번개Ⅱ 설치

1. 키움증권 홈페이지 하단의 [트레이딩채널 → 영웅문(HTS)]를 클릭합니다.

그림 2-6 영웅문 다운로드 페이지 접속

2. 좌측 상단의 '영웅문III'을 클릭합니다. 그다음 페이지의 우측 상단에 있는 [다운로드] 버튼을 클릭하여 프로그램을 다운로드합니다.

그림 2-7 영웅문III 다운로드

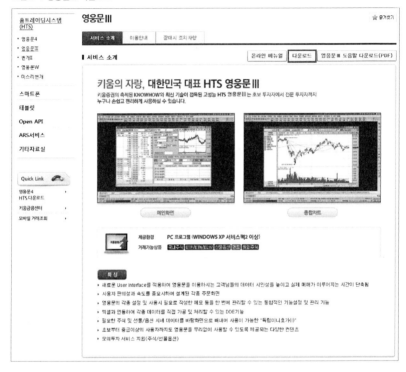

3. 다운로드한 파일을 클릭하면 설치 마법사가 실행되며 안내에 따라 '영웅문III' 를 설치합니다.

4. 설치가 끝나면 같은 페이지로 돌아가 이번에는 '영웅문III' 아래에 있는 '번개 II'를 클릭합니다.

5  마찬가지로 [다운로드] 버튼을 클릭하여 프로그램을 다운로드합니다.

6. 다운로드한 파일을 클릭하면 '번개II' 설치 마법사가 실행되며 안내에 따라 '번 개II'를 설치합니다.

## Open API 모듈 설치

앞의 작업이 완료되면 키움증권의 고객이 되어 Open API 사용 신청을 하였고 영웅문III와 번개II도 설치된 상태입니다. 이 상태에서 Open API의 모듈을 설치해야 합니다. 해당 모듈을 사용자 PC에 설치하면 자동매매 시스템이 Open API를 참조(호출)할 수 있게 됩니다. Open API 모듈의 설치 방법은 다음과 같습니다.

1. 키움증권 홈페이지에 접속하여 홈페이지 하단의 [트레이딩 채널 → Open API]를 클릭합니다.

2. 서비스 소개 화면 가운데의 'Step 2' 아래에 있는 [키움 Open API+ 모듈 다운로드] 버튼을 클릭하여 'OpenAPISetup.exe' 파일을 다운로드합니다.

그림 2-8 키움 Open API+ 모듈 다운로드

3. 다운로드한 'OpenAPISetup.exe' 파일을 클릭하면 설치 마법사가 실행됩니다. 설치 마법사의 안내에 따라 Open API 모듈 프로그램을 설치합니다.

## 2.4 자바 설치

뒤에 설치할 오라클 개발도구인 'Oracle SQL Developer'를 실행하려면 자바가 설치되어 있어야 합니다. 자바는 다음 순서대로 설치합니다(자바는 개발환경 구축에 있어 필수 소프트웨어이므로 반드시 설치하기를 바랍니다).

1. 오라클의 홈페이지(https://www.oracle.com/index.html)에 접속합니다.

2. 왼쪽 상단의 'Sign In/Resister'를 클릭하여 회원가입을 합니다. 회원가입은 무료입니다(뒤에서 설치할 오라클 XE는 반드시 회원가입을 해야 하므로 이 단계에서 미리 회원가입을 해둡니다).

그림 2-9 오라클 홈페이지 회원가입

3. 회원가입 후 상단 메뉴 중 'DownLoads'에 마우스로 화살표를 가져다 대면 상세메뉴가 보입니다.

4. 상세메뉴 중에서 [Developer Tools → See All…]을 클릭합니다.

그림 2-10 Java JDK 다운로드 페이지 이동

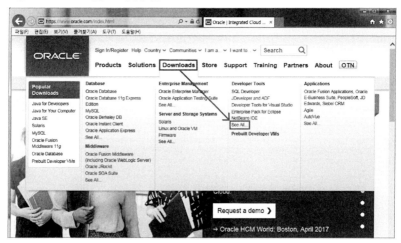

5. 페이지 중간에 있는 [Java → Java SE]를 클릭합니다.

그림 2-11 Java SE 다운로드 페이지 이동

6. Java SE Downloads 제목 바로 아래 있는 두 개의 아이콘 중에서 'Java Platform (JDK) 8u111 / 8u112'[01]를 클릭합니다(상자 안의 글자를 클릭해도 됩니다).

그림 2-12 Java SE 다운로드 페이지 이동

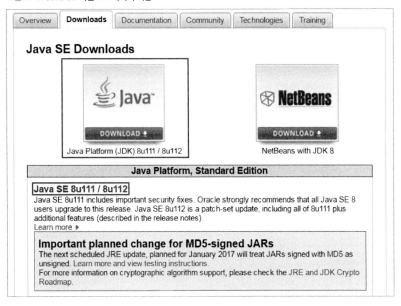

---

01 이 글을 작성하는 시점의 최신 버전이며, 2017년 2월 현재 최신 버전은 Java SE 8u121입니다.

2 자동매매 시스템 개발환경 구축 - 023

7. 사용자 PC에 설치된 Windows OS의 비트 수(32 또는 64)에 맞는 파일을 다운로드합니다. 사용자 PC가 32비트라면 'jdk-8u111-windows-i586.exe'를 다운로드하고, 64비트라면 'jdk-8u111-windows-x64.exe'를 다운로드합니다(Accept License Agreement를 체크해야 다운로드할 수 있습니다).

그림 2-13 OS 비트 수에 맞는 파일 다운로드

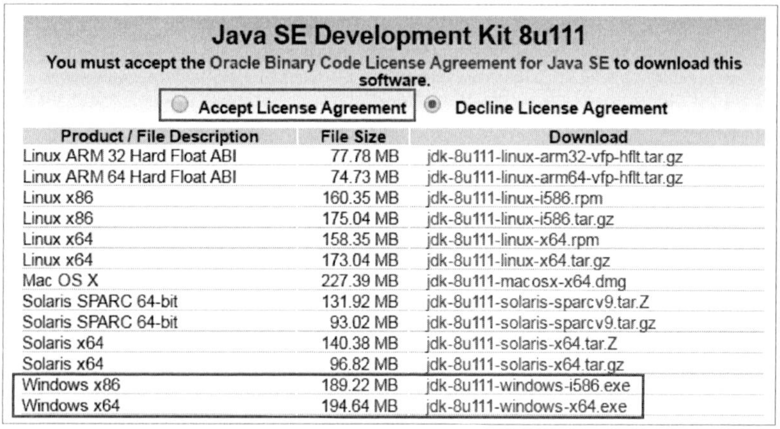
Java SE Development Kit 8u111
You must accept the Oracle Binary Code License Agreement for Java SE to download this software.
Accept License Agreement    Decline License Agreement

| Product / File Description | File Size | Download |
| --- | --- | --- |
| Linux ARM 32 Hard Float ABI | 77.78 MB | jdk-8u111-linux-arm32-vfp-hflt.tar.gz |
| Linux ARM 64 Hard Float ABI | 74.73 MB | jdk-8u111-linux-arm64-vfp-hflt.tar.gz |
| Linux x86 | 160.35 MB | jdk-8u111-linux-i586.rpm |
| Linux x86 | 175.04 MB | jdk-8u111-linux-i586.tar.gz |
| Linux x64 | 158.35 MB | jdk-8u111-linux-x64.rpm |
| Linux x64 | 173.04 MB | jdk-8u111-linux-x64.tar.gz |
| Mac OS X | 227.39 MB | jdk-8u111-macosx-x64.dmg |
| Solaris SPARC 64-bit | 131.92 MB | jdk-8u111-solaris-sparcv9.tar.Z |
| Solaris SPARC 64-bit | 93.02 MB | jdk-8u111-solaris-sparcv9.tar.gz |
| Solaris x64 | 140.38 MB | jdk-8u111-solaris-x64.tar.Z |
| Solaris x64 | 96.82 MB | jdk-8u111-solaris-x64.tar.gz |
| Windows x86 | 189.22 MB | jdk-8u111-windows-i586.exe |
| Windows x64 | 194.64 MB | jdk-8u111-windows-x64.exe |

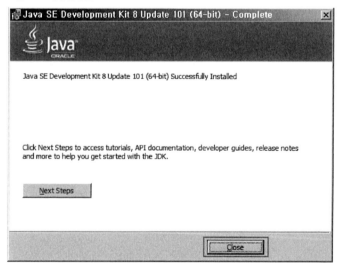

8. 다운로드한 파일을 실행하고 안내에 따라 자바를 설치합니다.

그림 2-14 자바 설치 완료

## 2.5 비주얼 스튜디오 설치

C#을 이용하여 윈폼 프로그램을 구현하려면 비주얼 스튜디오를 설치해야 합니다. 비주얼 스튜디오는 마이크로소프트사에서 만든 개발도구로, C# 윈폼 프로그램을 손쉽게 만들 수 있도록 도와줍니다. 비주얼 스튜디오 설치 방법은 다음과 같습니다.

1. 비주얼 스튜디오의 다운로드 페이지(https://www.visualstudio.com/ko/vs/
   community/)에 접속합니다.

2. 화면 상단에 있는 [Community 2015 다운로드] 버튼을 클릭합니다.

그림 2-15 비주얼 스튜디오 Community 2015 다운로드

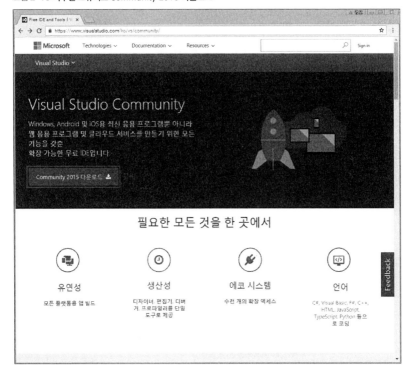

3. 다운로드한 파일을 실행합니다.

4. 설치유형을 '기본값'으로 지정한 후 [설치] 버튼을 클릭합니다.

5. 설치가 진행되며, 완료될 때까지 기다립니다.

6. 설치가 완료되면 다음과 같은 아이콘이 생성됩니다.

그림 2-16 비주얼 스튜디오 설치 완료

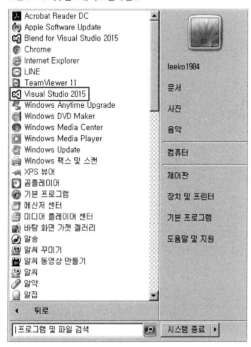

## 2.6 오라클 DBMS 설치

C# 윈폼 프로그램이 Open API와 연동하여 데이터를 가져오면 해당 데이터를 저장할 저장소가 필요합니다. 이 역할을 하는 시스템 소프트웨어가 바로 DBMS^Database Management System^입니다. 자동매매 시스템 구축을 위해 오라클에서 무료로 제공하는 Oracle Database 11g Express Edition을 설치합니다. 설치 방법은 다음과 같습니다.

1. 오라클 홈페이지(https://www.oracle.com)에 접속하여 로그인합니다.

2. 상단의 메뉴에서 'Downloads'에 마우스를 가져다 대면 상세메뉴가 보입니다. 이 상세메뉴 중 'Oracle Database 11g Express Edition'을 클릭합니다.

그림 2-17 Oracle Database 11g XE 다운로드

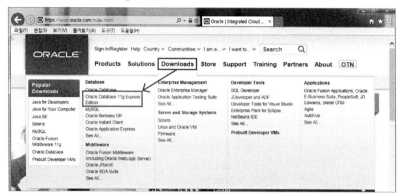

3. 사용자 PC에 설치된 Windows OS의 비트 수(32 또는 64)에 맞는 파일을 다운로드합니다. 사용자의 PC가 32비트라면 Oracle Database Express Edition 11g Release 2 for Windows x32'를 다운로드하고 64비트라면 'Oracle Database Express Edition 11g Release 2 for Windows x64'를 다운로드합니다.

그림 2-18 Oracle Database 11g XE 다운로드

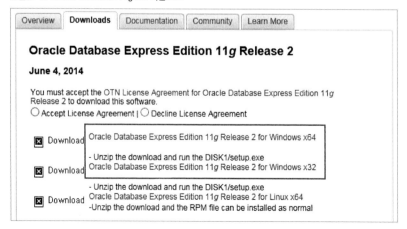

4. 다운로드한 파일의 압축을 해제하고, 압축 해제가 끝나면 'DISK1' 폴더의 'setup.exe' 파일을 실행합니다.

5. 설치 마법사의 안내에 따라 프로그램을 설치합니다. 설치 마법사 첫 화면에서 [Next] 버튼을 누르고 다음 화면에서 약관에 동의합니다. 설치 위치는 C 드라이브로 지정합니다. 오라클 관리자 계정의 비밀번호를 지정한 후 [Next] 버튼을 누르면 설치가 완료됩니다(여기서 지정한 비밀번호는 반드시 따로 텍스트 파일로 저장하거나 메모해 둡니다). 다음과 같은 화면이 뜨면 설치가 완료된 것입니다.

그림 2-19 오라클 설치 완료

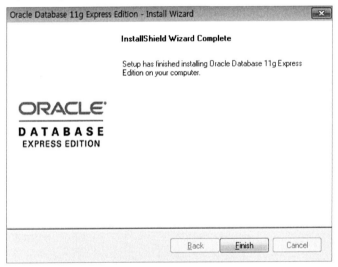

6. 설치가 완료되면 해당 PC는 부팅 시 오라클 DBMS를 자동으로 구동하게 됩니다.

## 2.7 오라클 접속 라이브러리 설치

C# 윈폼 프로그램과 오라클 DBMS를 연동하려면 오라클 접속 라이브러리인 Oracle Developer Tools를 설치해야 합니다. 해당 라이브러리를 설치하면

C# 윈폼 프로그램이 오라클 DBMS에 접속하여 사용자가 요청한 작업을 처리할 수 있습니다. 설치 방법은 다음과 같습니다.

1. Oracle Developer Tools 다운로드 페이지(http://www.oracle.com/technetwork/ topics/dotnet/downloads/index.html)에 접속합니다.

2. 'Oracle Developer Tools for Visual Studio 2015 - MSI Installer'를 클릭합니다.

그림 2-20 오라클 접속 라이브러리 설치 페이지

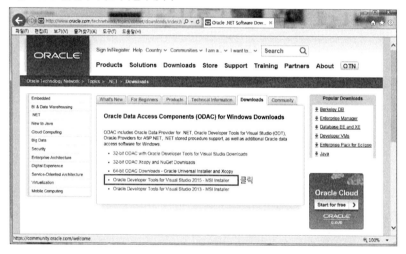

3. 화면에 보이는 'ODTforVS2015_121025.exe'를 클릭하여 파일을 다운로드합니다(다운로드하려면 Accept License Agreement를 체크해야 합니다).

4. 다운로드가 완료되면 해당 파일을 실행하여 안내에 따라 설치를 완료합니다.

## 2.8 ▌ 오라클 개발도구 설치

이번에는 오라클 DBMS를 이용하는 데 필요한 오라클 개발도구인 SQL Developer를 설치해야 합니다. 이 도구는 오라클에서 무료로 제공합니다. 설치 방법은 다음과 같습니다.

1. 오라클 홈페이지(https://www.oracle.com/)에 접속합니다.

2. 상단의 주메뉴에서 [Downloads → SQL Developer]를 클릭합니다.

그림 2-21 SQL Developer 다운로드 페이지

3. 사용자 PC의 Windows OS의 비트 수(32 또는 64)에 맞는 파일을 다운로드합니다. 만약 사용자의 PC가 32비트라면 'Windows 32-bit/64-bit'를 다운로드하고, 64비트라면 'Windows 64-bit with JDK 8 included'를 다운로드합니다.

4. 다운로드한 파일의 압축을 해제하고 'sqldeveloper' 폴더의 'sqldeveloper .exe' 파일을 실행합니다.

5. 해당 파일을 실행하면 다음과 같이 Java JDK 설치 경로를 지정하라는 창이 뜹니다. 이 창에 자바가 설치된 경로를 입력합니다. 필자는 'C:\Program Files\Java\jdk1.8.0_91'로 지정하였습니다.

그림 2-22 자바 경로 설정

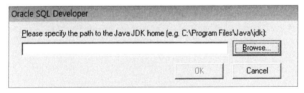

6. SQL Developer 설치가 끝나고 실행하면 다음 그림과 같은 화면이 뜹니다.

그림 2-23 SQL Developer 실행

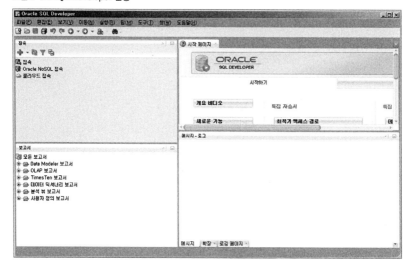

이것으로 자동매매 시스템 개발에 필요한 환경 구축이 끝났습니다.

# chapter 3

# 데이터베이스 환경 구축

자동매매 시스템은 Open API와 데이터베이스를 연동하여 주식 거래를 진행합니다. Open API 호출로 수신한 데이터를 저장해 놓을 저장소가 필요한데, 그 역할을 데이터베이스가 하게 됩니다. 이번 장에서는 데이터베이스 접속 방법을 알아보고 사용자 계정과 테이블 스페이스를 생성합니다. 마지막으로 자동매매 시스템에 필요한 테이블을 생성하겠습니다.

그림 3-1 데이터베이스 환경 구축 절차

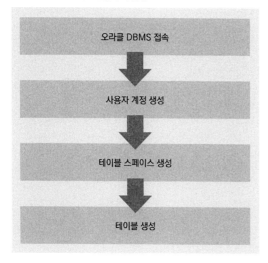

## 3.1 데이터베이스 접속

데이터베이스를 이용하려면 우선 데이터베이스에 접속해야 합니다. 앞 장에서 설치한 오라클 DBMS에 접속하려면 SQL Developer를 사용하는데, SQL Developer를 이용하여 오라클 DBMS에 접속하는 절차는 다음과 같습니다.

1. sqldeveloper.exe 파일을 실행합니다.
2. 왼쪽 상단의 [접속]에 마우스를 대고 오른쪽 버튼을 클릭한 후 [새 접속]으로 들어갑니다.
3. 다음 그림과 같이 오라클 접속 정보를 입력합니다. 'system' 계정의 비밀번호는 Oracle Database 11g XE 설치 시 저장해둔 비밀번호를 입력합니다.

그림 3-2 오라클 접속 정보 입력

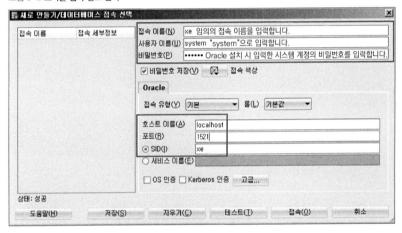

4. [접속] 버튼을 눌러 오라클 DBMS에 접속합니다.

그림 3-3 오라클 접속 성공

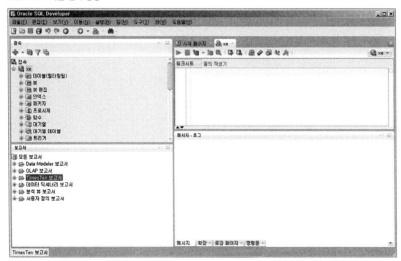

## 3.2　사용자 계정 생성

오라클 DBMS의 시스템 계정으로 접속되면 자동매매 시스템이 사용할 오라클의
사용자 계정을 생성해야 합니다. 계정 생성 절차는 다음과 같습니다.

1. 시스템 계정으로 SQL Developer를 통해 오라클 DBMS에 접속합니다.
2. 다음 쿼리를 실행하여 사용자 계정을 생성합니다. 사용자 계정의 이름은 'ats'
   로 하고 비밀번호는 '1234'로 합니다. 또한, ats 사용자의 락을 해제하여 ats
   계정을 통한 오라클 접속도 가능하게 합니다.

```
create user ats identified by 1234;
alter user ats account unlock;
```

3. 다음 쿼리를 실행하여 생성한 사용자 계정에 권한을 설정합니다.

```
grant resource, DBA, connect to ats;
```

## 3.3 테이블 스페이스 생성

오라클 DBMS는 데이터베이스를 관리하는 시스템이고, 시스템이 관리하는 데이터를 저장하는 곳은 테이블 스페이스입니다. 이 데이터 저장소인 테이블 스페이스를 생성하여 향후 자동매매 시스템이 해당 저장소를 이용하게 해보겠습니다. 다음 순서대로 테이블 스페이스를 생성합니다.

1. 시스템 계정으로 SQL Developer를 통해 오라클 DBMS에 접속합니다.

2. 다음 쿼리를 실행하여 데이터를 저장할 테이블 스페이스를 생성합니다.

```
CREATE TABLESPACE ats_data
datafile 'C:\oraclexe\app\oracle\oradata\XE\ats_data.dbf' SIZE 1G
AUTOEXTEND ON NEXT 512M MAXSIZE UNLIMITED
LOGGING
ONLINE
PERMANENT
EXTENT MANAGEMENT LOCAL AUTOALLOCATE
BLOCKSIZE 8K
SEGMENT SPACE MANAGEMENT AUTO
FLASHBACK ON;
```

3. 다음 쿼리를 실행하여 임시 데이터를 저장할 임시 테이블 스페이스를 생성합니다.

```
CREATE TEMPORARY TABLESPACE ats_tmp
TEMPFILE 'C:\oraclexe\app\oracle\oradata\XE\ats_tmp.dbf' SIZE 512M
AUTOEXTEND ON NEXT 128M MAXSIZE UNLIMITED;
```

4. 마지막으로 다음 쿼리를 실행하여 앞에서 생성한 데이터 테이블 스페이스와 임시 테이블 스페이스를 신규로 생성한 사용자 계정에 연결합니다.

```
alter user ats default tablespace ats_data;
alter user ats temporary tablespace ats_tmp;
```

테이블 생성

자동매매 시스템이 사용할 테이블을 생성합니다. 이 테이블은 신규로 생성한 사용자 계정으로 접속하여 생성합니다. 신규로 생성한 'ats' 계정으로 접속하여 해당 계정이 소유자(Owner)로서 소유하게 될 테이블을 생성합니다.

### 3.4.1 필요한 테이블 목록

자동매매 시스템에서 필요한 테이블 목록은 다음 표와 같습니다.

표 3-1 테이블 목록

| 테이블 물리명 | 데이블 논리명 | 설명 |
| --- | --- | --- |
| TB_TRD_JONGMOK | 거래종목 | 거래종목 테이블은 사용자가 거래(매수/매도)하게 될 종목을 저장하는 테이블입니다. 해당 테이블은 특정 종목들의 매수가, 목표가, 손절가를 저장합니다. |
| TB_ACCNT | 계좌 | 계좌 테이블은 사용자의 계좌정보를 저장하는 테이블입니다. 특정 사용자의 계좌번호와 해당 증권계좌로 매수할 수 있는 금액(최대 매수가능 금액)을 저장합니다. |
| TB_ACCNT_INFO | 계좌정보 | 계좌정보 테이블은 특정 계좌가 보유한 종목에 대한 정보를 저장합니다. 보유한 종목의 구매 가격(매수단가)과 보유주식수, 매입금액을 저장합니다. |
| TB_ORD_LST | 주문내역 | 특정 아이디의 특정 증권계좌번호로 주문한 내역을 저장하는 테이블입니다. 해당 주문내역은 매수 또는 매도주문 후 실시간으로 저장됩니다. 주문내역을 관리하여 중복 주문을 방지할 수 있고 자동매매 로직을 구상하는 데 통계로 활용될 수도 있습니다. |
| TB_CHEGYUL_LST | 체결내역 | 특정 아이디의 특정 증권계좌번호로 주문한 주문내역에 대한 체결내역을 저장합니다. 체결내역은 매수 또는 매도주문 체결 시 실시간으로 저장됩니다. 체결내역을 관리하면 미체결된 주문을 알 수 있어 중복주문을 방지할 수 있고 자동매매 로직을 구상하는 데 통계로 활용할 수 있습니다. |

### 3.4.2 테이블 레이아웃

자동매매 시스템을 위해 생성하게 될 테이블의 레이아웃은 다음 표와 같습니다. 설명을 참고하여 각 컬럼이 어떤 역할을 하는지 자세히 살펴보기 바랍니다.

표 3-2 거래종목(TB_TRD_JONGMOK) 테이블

| 컬럼 물리명 | 컬럼 논리명 | 데이터 타입 | 길이 | 설명 |
|---|---|---|---|---|
| USER_ID | 유저아이디 | varchar2 | 8 | 키움증권 아이디를 저장합니다. |
| JONGMOK_CD | 종목코드 | char | 6 | 6자리로 이루어진 거래종목의 종목코드를 저장합니다. |
| JONGMOK_NM | 종목명 | varchar2 | 150 | 거래종목명을 저장합니다. |
| PRIORITY | 우선순위 | number | 9 | 해당 종목의 거래 우선순위를 저장합니다. |
| BUY_AMT | 매수금액 | number | 15 | 해당 종목의 매수금액을 저장합니다. 해당 컬럼의 값을 종목별로 일정하게 유지한다면 완벽한 분산투자가 가능합니다. |
| BUY_PRICE | 매수가 | number | 9 | 각 종목의 매수가를 저장합니다. 각 종목은 해당 컬럼의 가격대로 매수주문을 하게 됩니다. |
| TARGET_PRICE | 목표가 | number | 9 | 각 종목의 목표가를 저장합니다. 각 종목은 매수가 체결된 후 보유한 종목을 목표가로 매도주문하게 됩니다. |
| CUT_LOSS_PRICE | 손절가 | number | 9 | 각 종목의 손절가를 저장합니다. 각 종목은 해당 가격을 이탈할 경우 자동으로 시장가로 매도주문을 하여 손절하게 됩니다. |
| BUY_TRD_YN | 매수여부 | char | 1 | 각 종목의 매수 여부를 저장합니다. 해당 컬럼이 'Y'라면 매수주문을 하고, 'N'이라면 매수주문을 하지 않습니다. |
| SELL_TRD_YN | 매도여부 | char | 1 | 각 종목의 매도 여부를 저장합니다. 해당 컬럼의 값이 'Y'라면 매도주문을 하고, 'N'이라면 매도주문을 하지 않습니다. |
| INST_ID | 입력자아이디 | varchar2 | 50 | 입력한 사용자를 저장합니다. |
| INST_DTM | 입력일시 | date | – | 입력한 일시를 저장합니다. |
| UPDT_ID | 수정자아이디 | varchar2 | 50 | 최종적으로 갱신한 사용자를 저장합니다. |
| UPDT_DTM | 수정일시 | date | – | 갱신한 일시를 저장합니다. |

표 3-3 계좌(TB_ACCNT) 테이블

| 컬럼 물리명 | 컬럼 논리명 | 데이터 타입 | 길이 | 설명 |
|---|---|---|---|---|
| USER_ID | 유저아이디 | varchar2 | 8 | 키움증권 아이디를 저장합니다. |
| ACCNT_NO | 증권계좌번호 | char | 10 | 키움증권의 증권계좌번호를 저장합니다. |
| REF_DT | 기준일자 | char | 8 | 해당 계좌의 기준일자를 저장합니다. |
| ORD_POSSIBLE_AMT | 매수가능금액 | number | 15 | 특정 아이디의 특정계좌에서 매수주문이 가능한 금액을 저장합니다. |
| INST_ID | 입력자아이디 | varchar2 | 50 | 입력한 사용자를 저장합니다. |
| INST_DTM | 입력일시 | date | - | 입력한 일시를 저장합니다. |
| UPDT_ID | 수정자아이디 | varchar2 | 50 | 최종적으로 갱신한 사용자를 저장합니다. |
| UPDT_DTM | 수정일시 | date | - | 갱신한 일시를 저장합니다. |

표 3-4 계좌정보(TB_ACCNT_INFO) 테이블

| 컬럼 물리명 | 컬럼 논리명 | 데이터타입 | 길이 | 설명 |
|---|---|---|---|---|
| USER_ID | 유저아이디 | varchar2 | 8 | 키움증권 아이디를 저장합니다. |
| ACCNT_NO | 증권계좌번호 | char | 10 | 키움증권의 증권계좌번호를 저장합니다. |
| REF_DT | 기준일자 | char | 8 | 해당 계좌의 기준일자를 저장합니다. |
| JONGMOK_CD | 종목코드 | char | 6 | 6자리로 이루어진 해당 종목의 종목코드를 저장합니다. |
| JONGMOK_NM | 종목명 | varchar2 | 150 | 종목코드에 따른 종목명을 저장합니다. |
| BUY_PRICE | 매수가 | number | 9 | 해당 종목의 매수가(매수단가)을 저장합니다. |
| OWN_STOCK_CNT | 보유주식수 | number | 9 | 해당 종목의 보유주식수를 저장합니다. |
| OWN_AMT | 보유금액 | number | 15 | 해당 종목의 보유금액을 저장합니다. |
| INST_ID | 입력자아이디 | varchar2 | 50 | 입력한 사용자를 저장합니다. |
| INST_DTM | 입력일시 | date | - | 입력한 일시를 저장합니다. |
| UPDT_ID | 수정자아이디 | varchar2 | 50 | 최종적으로 갱신한 사용자를 저장합니다. |
| UPDT_DTM | 수정일시 | date | - | 갱신한 일시를 저장합니다. |

표 3-5 주문내역(TB_ORD_LST) 테이블

| 컬럼 물리명 | 컬럼 논리명 | 데이터 타입 | 길이 | 설명 |
|---|---|---|---|---|
| USER_ID | 유저아이디 | varchar2 | 8 | 키움증권 아이디를 저장합니다. |
| ACCNT_NO | 증권계좌번호 | char | 10 | 키움증권의 증권계좌번호를 저장합니다. |
| REF_DT | 기준일자 | char | 8 | 해당 계좌의 기준일자를 저장합니다. |
| JONGMOK_CD | 종목코드 | char | 6 | 6자리로 이루어진 주문종목의 종목코드를 저장합니다. |
| JONGMOK_NM | 종목명 | varchar2 | 150 | 종목코드에 따른 종목명을 저장합니다. |
| ORD_GB | 주문구분 | char | 1 | 해당 주문이 매수주문인지 매도주문인지에 대한 구분값을 저장합니다. |
| ORD_NO | 주문번호 | char | 7 | 해당 주문의 주문번호를 저장합니다. |
| ORG_ORD_NO | 원주문번호 | char | 7 | 해당 주문이 취소 주문일 경우 원 주문번호를 저장합니다. |
| ORD_PRICE | 주문가 | number | 9 | 해당 주문의 주문 가격을 저장합니다. |
| ORD_STOCK_CNT | 주문주식수 | number | 9 | 해당 주문의 주문주식수를 저장합니다. |
| ORD_AMT | 주문금액 | number | 15 | 해당 주문의 주문금액을 저장합니다. |
| ORD_DTM | 주문일시 | char | 14 | 해당 주문이 접수된 시간을 저장합니다. |
| INST_ID | 입력자아이디 | varchar2 | 50 | 입력한 사용자를 저장합니다. |
| INST_DTM | 입력일시 | date | – | 입력한 일시를 저장합니다. |
| UPDT_ID | 수정자아이디 | varchar2 | 50 | 최종적으로 갱신한 사용자를 저장합니다. |
| UPDT_DTM | 수정일시 | date | – | 갱신한 일시를 저장합니다. |

표 3-6 체결내역(TB_CHEGYUL_LST) 테이블

| 컬럼 물리명 | 컬럼 논리명 | 데이터 타입 | 길이 | 설명 |
|---|---|---|---|---|
| USER_ID | 유저아이디 | varchar2 | 8 | 키움증권 아이디를 저장합니다. |
| ACCNT_NO | 증권계좌번호 | char | 10 | 키움증권의 증권계좌번호를 저장합니다. |
| REF_DT | 기준일자 | char | 8 | 해당 계좌의 기준일자를 저장합니다. |

| 컬럼 물리명 | 컬럼 논리명 | 데이터 타입 | 길이 | 설명 |
|---|---|---|---|---|
| JONGMOK_CD | 종목코드 | char | 6 | 6자리로 이루어진 주문종목의 종목코드를 저장합니다. |
| JONGMOK_NM | 종목명 | varchar2 | 150 | 종목코드에 따른 종목명을 저장합니다. |
| ORD_GB | 주문구분 | char | 1 | 해당 주문이 매수주문인지 매도주문인지에 대한 구분값을 저장합니다. |
| ORD_NO | 주문번호 | char | 7 | 해당 주문의 주문번호를 저장합니다. |
| CHEGYUL_GB | 체결구분 | char | 1 | 해당 체결이 매수주문에 대한 체결인지 매도 주문에 대한 체결인지 구분값을 저장합니다. |
| CHEGYUL_NO | 체결번호 | number | 9 | 해당 체결의 체결번호를 저장합니다. |
| CHEGYUL_PRICE | 체결가 | number | 9 | 해당 체결의 체결 가격을 저장합니다. |
| CHEGYUL_STOCK_CNT | 체결주식수 | number | 9 | 해당 체결의 체결주식수를 저장합니다. |
| CHEGYUL_AMT | 체결금액 | number | 15 | 해당 체결의 체결금액을 저장합니다. |
| CHEGYUL_DTM | 체결일시 | char | 14 | 해당 체결의 체결일시를 저장합니다. |
| INST_ID | 입력자아이디 | varchar2 | 50 | 입력한 사용자를 저장합니다. |
| INST_DTM | 입력일시 | date | - | 입력한 일시를 저장합니다. |
| UPDT_ID | 수정자아이디 | varchar2 | 50 | 최종적으로 갱신한 사용자를 저장합니다. |
| UPDT_DTM | 수정일시 | date | - | 갱신한 일시를 저장합니다. |

### 3.4.3 물리 테이블 생성

앞에서 정한 테이블의 레이아웃대로 테이블 생성 SQL을 작성하여 물리 테이블을 생성합니다. 물리 테이블은 다음 방법으로 생성합니다.

1. 앞에서 생성한 ats 계정으로 접속합니다. 접속설정은 다음과 같습니다.

그림 3-4 ats 계정으로 오라클 접속

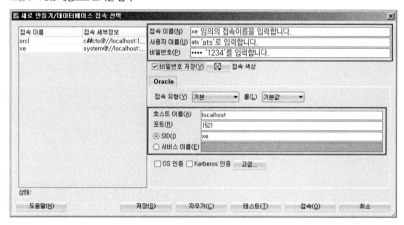

## 2. 접속에 성공하면 다음 SQL로 각 테이블을 생성합니다.

### TB_TRD_JONGMOK 테이블 생성

```
CREATE TABLE   TB_TRD_JONGMOK
(
    USER_ID VARCHAR2(8) NOT NULL,
    JONGMOK_CD CHAR(6) NOT NULL,
    JONGMOK_NM VARCHAR2(150) NOT NULL,
    PRIORITY NUMBER(9) NOT NULL,
    BUY_AMT NUMBER(15) NOT NULL,
    BUY_PRICE NUMBER(9) NOT NULL,
    TARGET_PRICE NUMBER(9) NOT NULL,
    CUT_LOSS_PRICE NUMBER(9) NOT NULL,
    BUY_TRD_YN CHAR(1) NOT NULL,
    SELL_TRD_YN CHAR(1) NOT NULL,
    INST_ID VARCHAR2(50) NOT NULL,
    INST_DTM DATE NOT NULL,
    UPDT_ID VARCHAR2(50) NULL,
    UPDT_DTM DATE NULL,
    CONSTRAINT TB_TRD_JONGMOK_PK PRIMARY KEY(USER_ID, JONGMOK_CD)
);
```

### TABLE TB_ACCNT 테이블 생성

```
CREATE TABLE TB_ACCNT
```

```
(
    USER_ID VARCHAR2(8) NOT NULL,
    ACCNT_NO CHAR(10) NOT NULL,
    REF_DT CHAR(8) NOT NULL,
    ORD_POSSIBLE_AMT NUMBER(15) NOT NULL,
    INST_ID VARCHAR2(50) NOT NULL,
    INST_DTM DATE NOT NULL,
    UPDT_ID VARCHAR2(50) NULL,
    UPDT_DTM DATE NULL,
    CONSTRAINT TB_ACCNT_PK PRIMARY KEY(USER_ID, ACCNT_NO, REF_DT)
);
```

## TB_ACCNT_INFO 테이블 생성

```
CREATE TABLE TB_ACCNT_INFO

(
    USER_ID VARCHAR2(8) NOT NULL,
    ACCNT_NO CHAR(10) NOT NULL,
    REF_DT CHAR(8) NOT NULL,
    JONGMOK_CD CHAR(6) NOT NULL,
    JONGMOK_NM VARCHAR2(150) NOT NULL,
    BUY_PRICE NUMBER(9) NOT NULL,
    OWN_STOCK_CNT NUMBER(9) NOT NULL,
    OWN_AMT NUMBER(15) NOT NULL,
    INST_ID VARCHAR2(50) NOT NULL ,
    INST_DTM DATE NOT NULL,
    UPDT_ID VARCHAR2(50) NULL,
    UPDT_DTM DATE NULL,
    CONSTRAINT TB_ACCNT_INFO_PK PRIMARY KEY(USER_ID, ACCNT_NO, REF_DT, JONGMOK_
CD)
);
```

## TB_ORD_LST 테이블 생성

```
CREATE TABLE TB_ORD_LST
(
    USER_ID VARCHAR2(8) NOT NULL,
    ACCNT_NO CHAR(10) NOT NULL,
    REF_DT CHAR(8) NOT NULL,
    JONGMOK_CD VARCHAR2(6) NOT NULL ,
```

```
    JONGMOK_NM VARCHAR2(150) ,
    ORD_GB CHAR(1) NOT NULL,
    ORD_NO CHAR(7) NOT NULL,
    ORG_ORD_NO CHAR(7) NOT NULL,
    ORD_PRICE NUMBER(9) NOT NULL ,
    ORD_STOCK_CNT NUMBER(9) NOT NULL,
    ORD_AMT NUMBER(15) NOT NULL,
    ORD_DTM CHAR(14) NOT NULL,
    INST_ID VARCHAR2(50) NOT NULL,
    INST_DTM DATE NOT NULL,
    UPDT_ID VARCHAR2(50) NULL,
    UPDT_DTM DATE NULL,
    CONSTRAINT TB_ORD_LST_PK PRIMARY KEY (USER_ID, ACCNT_NO, REF_DT, JONGMOK_
CD, ORD_GB, ORD_NO)
);
```

## TB_CHEGYUL_LST 테이블 생성

```
CREATE TABLE TB_CHEGYUL_LST
(
    USER_ID VARCHAR2(8) NOT NULL,
    ACCNT_NO CHAR(10) NOT NULL,
    REF_DT CHAR(8) NOT NULL,
    JONGMOK_CD VARCHAR2(6) NOT NULL ,
    JONGMOK_NM VARCHAR2(150) NOT NULL,
    ORD_GB CHAR(1) NOT NULL,
    ORD_NO CHAR(7) NOT NULL,
    CHEGYUL_GB CHAR(1) NOT NULL,
    CHEGYUL_NO NUMERIC(9) NOT NULL,
    CHEGYUL_PRICE NUMERIC(9) NOT NULL,
    CHEGYUL_STOCK_CNT NUMERIC(9) NOT NULL,
    CHEGYUL_AMT NUMERIC(15) NOT NULL,
    CHEGYUL_DTM CHAR(14) NOT NULL,
    INST_ID VARCHAR2(50) NOT NULL,
    INST_DTM DATE NOT NULL,
    UPDT_ID VARCHAR2(50) NULL,
    UPDT_DTM DATE NULL,
    CONSTRAINT TB_CHEGYUL_LST_PK PRIMARY KEY(USER_ID,ACCNT_NO, REF_DT, JONGMOK_
CD,ORD_GB, ORD_NO, CHEGYUL_GB, CHEGYUL_NO )
);
```

Part 1에서는 자동매매 시스템 구축을 위한 준비 과정을 다루었습니다. 자동매매 시스템의 개요를 살펴보고 개발환경 구성에 관해 설명하였고, 자동매매 시스템 구축을 위한 데이터베이스 환경도 구축하였습니다. 이로써 사용자 PC에서 자동매매 시스템을 구축하기 위한 준비가 완료되었습니다.

# Part 2
# 자동매매 시스템 구축

Part 2에서는 본격적으로 자동매매 시스템을 구축하겠습니다. C# 윈폼 프로젝트를 생성하고 자동매매 시스템의 화면(UI)를 구성하며 필수 메서드를 구현합니다. 또한, 키움증권에 로그인할 수 있는 로그인 기능을 구현하고 거래할 종목을 설정할 그리드 창을 구현합니다. Part 2를 마무리하면 자동매매를 위한 모든 밑그림이 완성됩니다.

chapter **4**

# C# 윈폼 프로젝트 생성

자동매매 시스템을 구현하려면 먼저 C# 언어 기반의 윈폼<sup>Windows Forms</sup> 프로젝트를 생성하고, 해당 프로젝트를 기반으로 Open API와 오라클 DBMS를 연동해야 합니다.

## 4.1 프로젝트 생성과 설정

프로젝트는 다음 순서에 따라 생성합니다.

1. 앞에서 설치한 비주얼 스튜디오 2015를 실행합니다.

그림 4-1 **프로젝트 생성**

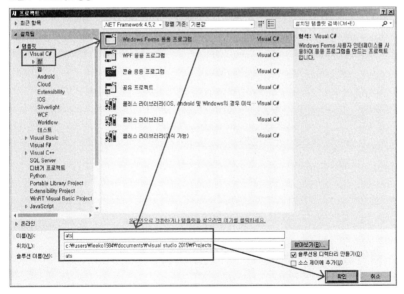

2. 상단 메뉴 중 [파일 → 새로 만들기 → 프로젝트]를 선택합니다.

3. '새 프로젝트' 창이 뜨면 해당 창의 좌측의 템플릿에서 [Visual C# → 창 → Windows Forms 응용 프로그램]을 선택합니다.

4. 창 아래 이름과 솔루션 이름을 적는 란에 모두 'ats'를 입력합니다.

5. [확인] 버튼을 누르면 프로젝트 생성이 완료됩니다.

그림 4-2 **프로젝트 생성 완료**

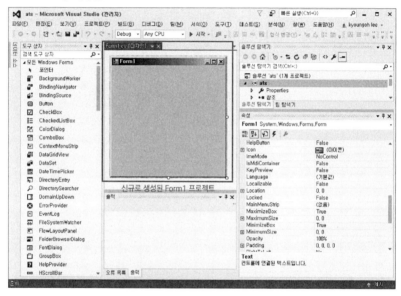

## 4.2 프로젝트 속성 설정

앞에서 생성한 프로젝트의 속성을 설정해보겠습니다. 속성은 다음 순서로 설정합니다.

1. 비주얼 스튜디오 메뉴에서 [프로젝트 → ats 속성]으로 들어갑니다.

2. 속성을 설정하는 창이 뜨면 해당 창의 왼쪽 메뉴 중 빌드를 클릭하고 '안전하지 않은 코드 허용'을 체크합니다.

그림 4-3 안전하지 않은 코드 허용 설정

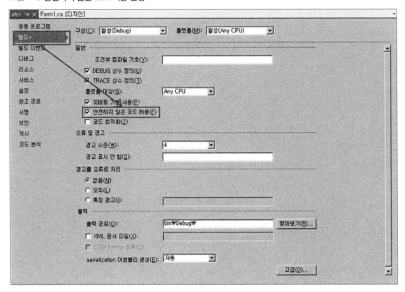

3. 단축키인 [Ctrl+S]를 누르거나 상단 메뉴의 저장 아이콘을 클릭하여 변경한 설
   정을 저장합니다.

4. 화면 우측 상단의 솔루션 탐색기에서 'Form1.cs' 왼쪽 삼각형 모양을 클릭하
   면 하위 내용이 확장됩니다. 확장된 내용에서 'Form1'을 더블 클릭하면 다음
   과 같은 초기 소스 코드가 열립니다.

```csharp
using System;
using System.Collections.Generic;
using System.ComponentModel;
using System.Data;
using System.Drawing;
using System.Linq;
using System.Text;
using System.Threading.Tasks;
using System.Windows.Forms;

namespace ats
{
    public partial class Form1 : Form
```

```
    {
        public Form1()
        {
            InitializeComponent();
        }
    }
}
```

5. 이와 같은 소스 코드가 출력된다면 프로젝트 생성이 정상적으로 완료된 것입
   니다.

## 4.3  Open API 모듈 참조

앞 절에서 생성한 윈폼 프로젝트가 키움증권에서 제공하는 Open API를 사용할
수 있도록 해당 모듈을 참조하는 작업을 하겠습니다. 해당 모듈을 참조하면 키움
증권에서 제공하는 Open API 내의 함수와 이벤트를 호출할 수 있습니다. 방법
은 다음과 같습니다.

1. 비주얼 스튜디오 메뉴에서 [도구 → 도구 상자 항목 선택]을 클릭합니다.
2. [도구 상자 항목 선택] 창이 뜨면 해당 창의 상단 탭 중에서 [COM 구성 요소]
   를 선택합니다.
3. [COM 구성 요소] 중 'KHOpenAPI Control'을 체크한 후 [확인] 버튼을 클
   릭합니다.

그림 4-4 Open API 모듈 참조

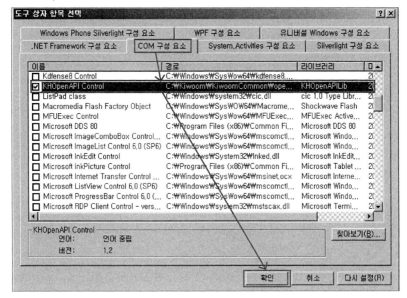

4. 비주얼 스튜디오의 좌측의 도구 상자에서 [HTML → KHOpenAPI Con-trol]을 클릭한 후 Form1으로 드래그 앤 드롭합니다.

그림 4-5 Open API 모듈 추가

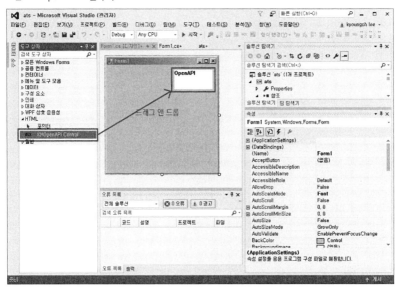

5. Form1에 생성된 OpenAPI를 클릭한 후 우측 하단 속성창의 'Visible' 속성
   을 'False'로 설정합니다.

## 4.4 오라클 접속 라이브러리 참조

C# 윈폼 프로젝트가 오라클 DBMS에 접속하여 특정 테이블에 대한 조회, 수정,
삽입, 삭제 작업을 하려면 오라클 접속 라이브러리를 참조해야 합니다. 참조 방법
은 다음과 같습니다.

1. 비주얼 스튜디오 우측 상단에 있는 솔루션 탐색기의 '참조'에 마우스를 대고 오
   른쪽 버튼을 클릭합니다. 이때 나오는 팝업 메뉴에서 '참조 추가'를 클릭합니다.

그림 4-6 오라클 접속 라이브러리 참조 추가

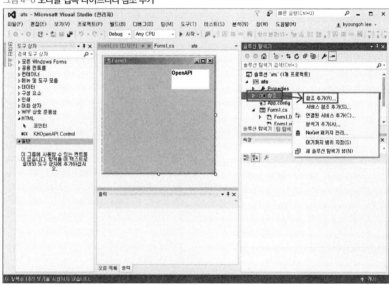

2. 참조 관리자 창이 뜨면 우측 하단의 [찾아보기]를 클릭합니다.
3. C:\Program Files (x86)\Oracle Developer Tools for VS2015\odp.
   net\managed\common 경로로 이동합니다.

4. 'Oracle.ManagedDataAccess.dll' 파일을 선택하고 [추가] 버튼을 누릅니다.

그림 4-7 오라클 접속 라이브러리 파일 추가

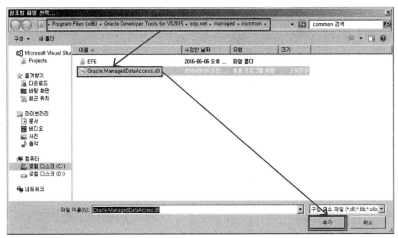

5. 추가되면 다음과 같이 오라클 접속 라이브러리가 참조 관리자 창에 보입니다.
   우측 하단의 [확인] 버튼을 눌러 참조를 완료합니다.

그림 4-8 오라클 접속 라이브러리 참조 완료

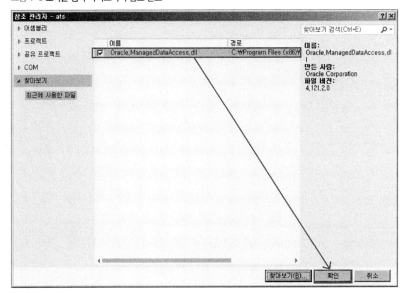

## 4.5 C# 윈폼 소스 구조

C# 윈폼의 소스 구조를 파악해보겠습니다. 여기부터는 자동매매 시스템을 개발하는 데 있어 매우 중요한 부분입니다. 개발을 진행할 때 소스 코드의 기본 골격을 정확하게 이해하고 있어야 무리 없이 따라올 수 있습니다.

일단 비주얼 스튜디오의 우측 상단 솔루션 탐색기에서 Form1.cs 안에 있는 Form1을 더블 클릭하면 다음과 같이 소스 코드가 표시됩니다.

### 윈폼 소스 코드 구조

```
1   using System;
2   using System.Collections.Generic;      Using 영역          Form1.cs
3   using System.ComponentModel;
4   using System.Data;
5   using System.Drawing;
6   using System.Linq;
7   using System.Text;
8   using System.Threading.Tasks;
9   using System.Windows.Forms;
10
11  namespace ats              네임스페이스 영역
12  {
13      public partial class Form1 : Form        클래스 영역
14      {
15          public Form1()        메서드 영역
16          {
17              InitializeComponent();
18          }
19      }
20  }
```

이처럼 C# 윈폼의 기본 소스는 using, 네임스페이스, 클래스, 메서드로 이루어져 있습니다. 이 4가지가 C# 윈폼 소스에서 어떤 역할을 하는지 표로 정리했습니다.

**표 4-1 C# 윈폼 기본 소스 코드**

| 항목 | 설명 |
|---|---|
| using 영역 | using 영역은 C# 윈폼 프로젝트가 참조할 라이브러리를 모아둔 곳입니다. 특정 라이브러리를 사용할 때 해당 영역에 using 문을 이용하여 추가합니다. 너무 많은 라이브러리를 참조하면 프로그램에 부하를 줄 수 있으므로 꼭 필요한 라이브러리만 참조하도록 합니다. |
| 네임스페이스 영역 | 네임스페이스는 클래스를 담고 있는 그릇이라고 생각하면 됩니다. 한 개의 네임스페이스는 여러 개의 클래스를 가질 수 있습니다. |
| 클래스 영역 | 클래스는 네임스페이스 안에 존재합니다. 클래스는 특정 클래스를 상속받을 수도 있고 상속받는 대상(부모)이 될 수도 있습니다. 또한, 한 개의 클래스는 여러 개의 메서드를 가질 수 있습니다. |
| 메서드 영역 | 메서드는 특정 연산을 처리하는 일의 단위입니다. 클래스 내에 존재하며 특정 클래스 내에 메서드를 구현해 놓으면 해당 클래스 내에 다른 메서드에서 호출할 수 있습니다. 즉, AA라는 클래스에 A와 B라는 메서드를 구현하면 A 메서드 안에서 B 메서드를 호출할 수 있습니다. |

C# 윈폼 소스를 분석해보겠습니다.

- **1~9번째 줄** using 절로, C# 윈폼 프로젝트가 필요한 라이브러리들을 참조합니다.

- **11번째 줄** 'ats'라는 네임스페이스를 선언합니다. ats 네임스페이스는 자동매매 시스템을 이루는 가장 큰 집합이 됩니다.

- **13번째 줄** 'Form1'이라는 클래스를 선언합니다. Form1 클래스는 'Form'이라는 클래스를 상속받으므로 Form 클래스의 자식 클래스가 되어 Form 클래스의 성질을 그대로 물려받습니다. Form은 C#의 닷넷 프레임워크에서 기본으로 제공하는 클래스입니다. 이러한 클래스를 상속받지 않고 직접 구현하게 된다면 엄청난 작업시간이 소요되므로 닷넷 프레임워크에서 이미 구현된 Form 클래스를 상속받는 것만으로도 개발시간을 단축할 수 있습니다. 이것이 바로 프레임워크의 장점(효용성)입니다.

- **15번째 줄** 'Form1'이라는 메서드를 선언하고 해당 메서드 내에서 'Initialize Component'라는 메서드를 호출합니다. Form1 메서드는 Form1 클래스 안에 있습니다. Form1 메서드와 Form1 클래스는 이름이 같은데, 이것을 '생성자'라고 부릅니다. Form1 클래스가 인스턴스화(실행) 될 때 가장 먼저 생성자가 실행되며 해당 생성자(메서드)에서 'InitializeComponent'라는 메서드를 호출하여 초기화 작업을 진행합니다. InitializeComponent 메서드는 앞에서 상속받은 Form 클래스에 존재하는 메서드로, 이후 자동매매 시스템을 위한 메서드를 추가할 때 Form1 클래스에 새로운 메서드를 정의하여 다른 메서드에서 사용할 수 있게 합니다.

# chapter 5

# 화면 구성

이번에는 C# 윈폼 프로젝트의 UI 화면을 구성해보겠습니다. C# 윈폼에서는 닷넷 프레임워크.net Framework에서 제공하는 윈폼 전용 컴포넌트Component를 이용하면 누구나 손쉽게 UI 화면을 구성할 수 있습니다.

먼저 자동매매 시스템에 로그인할 수 있는 상단 메뉴를 생성하고, 거래 종목을 조회하고 수정할 수 있는 거래종목 그리드창을 만듭니다. 그다음 자동매매 시스템 시작과 중지 버튼을 만들고 해당 자동매매 시스템의 실시간 로그를 남기기 위한 로그 창을 생성합니다.

## 5.1 C# 윈폼 화면 구성의 기초

[그림 5-1]과 같은 닷넷 프레임워크 기반의 C# 윈폼 UI 화면을 구현하는데, 이러한 화면 생성작업을 하기 전에 반드시 알아야 할 비주얼 스튜디오의 기능을 잠깐 살펴보겠습니다.

그림 5-1 구현할 UI 화면

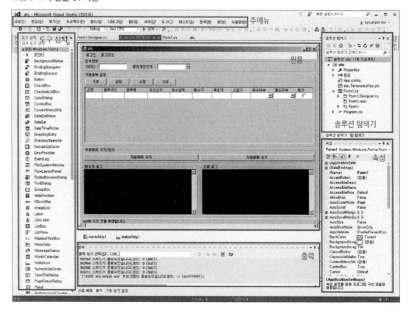

비주얼 스튜디오의 기능은 다음 표와 같이 크게 6가지로 나눌 수 있습니다.

표 5-1 비주얼 스튜디오의 기능

| 구분 | 설명 |
|---|---|
| 주메뉴 | 주메뉴는 파일, 편집, 보기, 프로젝트, 빌드, 디버그, 팀, 서식, 도구, 테스트, 분석, 창, 도움말로 이루어져 있으며, 주메뉴를 통해 비주얼 스튜디오의 기능을 사용할 수 있습니다. 주메뉴 바로 아래에는 빠른 실행 아이콘이 있는데, 이 중 가운데 있는 녹색 삼각형 모양이 바로 디버그 버튼입니다. 프로그램을 구현하면서 이 버튼을 누르면 중간중간 디버그를 수행하면서 테스트할 수 있습니다. |
| 도구 상자 | 도구 상자는 화면 좌측에 자리 잡고 있습니다. 닷넷 프레임워크는 UI를 구현하기 위한 각종 컴포넌트를 제공하는데, 도구 상자에 존재하는 컴포넌트를 원폼 화면으로 드래그 앤 드롭하는 것만으로 간단하게 UI 구현이 가능합니다. |
| 원폼 | C# 원폼 프로그램의 작업창입니다. 워드 프로세서로 비유하면 실제로 문서 편집이 이루어지는 작업창이라고 보면 됩니다. 원폼 창에서 생성한 각종 UI를 마우스 왼쪽과 오른쪽 클릭으로 설정할 수 있습니다. |
| 솔루션 탐색기 | C# 원폼 프로젝트는 여러 개의 파일로 이루어진 하나의 프로젝트입니다. 해당 솔루션 탐색기 창에서 프로젝트의 속성, 참조, 설정, 소스 코드 등을 파일에 추가 또는 삭제하고 해당 파일의 설정을 수정할 수 있습니다. |
| 속성 | 각종 UI 항목(텍스트창, 버튼, 라벨, 그리드창 등)의 속성을 설정할 수 있습니다. |

| 구분 | 설명 |
|------|------|
| 출력 | C# 윈폼 프로젝트의 상황을 로그로 출력합니다. 예를 들어, 컴파일에 실패하면 어떤 문제로 컴파일되지 않았는지 알려줍니다. |

그럼 본격적으로 자동매매 시스템을 위한 UI 화면 구성을 시작하겠습니다.

## 5.2 로그인 버튼

자동매매 시스템에 접속하여 주식을 자동으로 사고팔려면 가장 먼저 로그인해야 합니다. 이번 절에서는 윈폼 위에 메뉴바를 만들고 로그인 버튼을 생성해보겠습니다. 생성 방법은 다음과 같습니다.

1. 먼저 윈폼의 크기를 늘려줍니다. 윈폼의 우측 하단 모서리에 마우스를 대면 화살표가 생기는데, 이를 움직이면 윈폼의 크기가 바뀝니다.

그림 5-2 **윈폼 크기 조절**

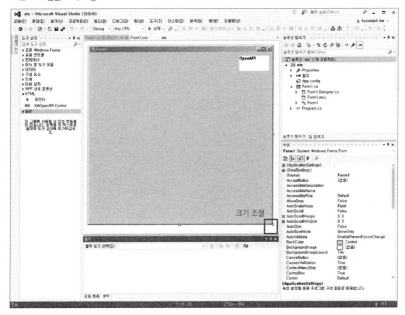

2. 속성창에서 Text 항목의 값을 'ats'로 바꿉니다.

그림 5-3 폼 속성 설정

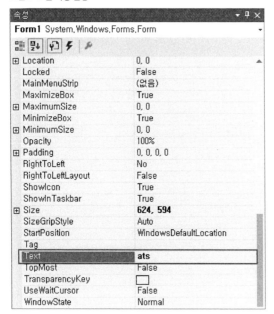

3. 도구 상자에서 [모든 Windows Forms → MenuStrip]을 클릭하고 원폼으로 드래그 앤 드롭하여 메뉴바를 생성합니다(그림 5-4).

4. 생성된 메뉴 스트립 안에 있는 '여기에 입력'을 클릭한 후 '로그인'이라고 입력하고 엔터를 누릅니다.

5. 그다음 생성된 '로그인' 옆에 있는 '여기에 입력'을 클릭하고 이번에는 '로그아웃'이라고 입력합니다. 입력이 완료되면 [그림 5-5]와 같이 로그인과 로그아웃 메뉴가 생성됩니다.

그림 5-4 윈폼에 메뉴바 추가

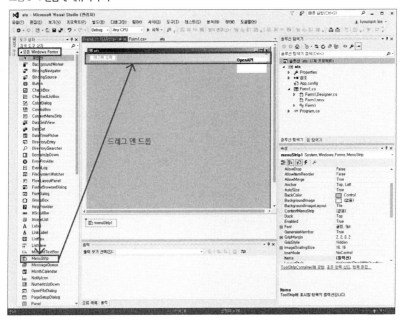

그림 5-5 메뉴 바 추가 완료

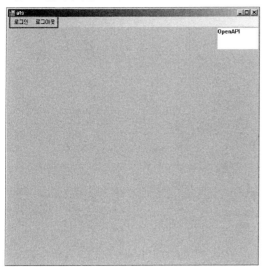

## 5.3 접속 정보 출력창

키움증권 Open API를 이용하여 로그인한 계정의 아이디와 해당 아이디가 보유한 증권계좌번호를 출력하는 콤보박스창을 생성해보겠습니다. 방법은 다음과 같습니다.

1. 도구 상자에서 [모든 Windows Forms → GroupBox]를 클릭하여 윈폼의 좌측 상단으로 드래그 앤 드롭합니다.

그림 5-6 그룹박스 추가

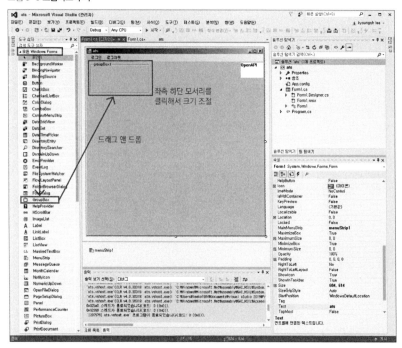

2. 생성된 그룹박스의 우측 하단 모서리를 클릭하여 크기를 적당하게 조절합니다.
3. 생성된 그룹박스를 클릭하면 나타나는 열십자 화살표로 그룹박스의 위치를 조정합니다.
4. 생성된 그룹박스를 선택하면 우측 하단에 속성창이 표시되는데, 속성창의 Text 항목을 '접속정보'로 바꿉니다.

그림 5-7 그룹박스 속성 설정

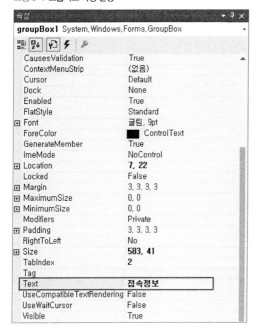

5. 여기까지 설정이 끝나면 다음 그림과 같이 '접속정보' 그룹박스가 완성됩니다.

그림 5-8 그룹박스 완성

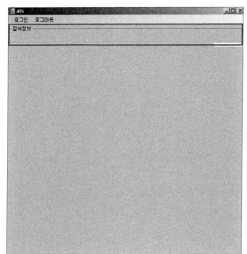

6. 이번에는 도구 상자에서 [모든 Windows Forms → Label]을 클릭하여 '접속정보' 그룹박스 안에서 가장 좌측으로 드래그 앤 드롭합니다.

7. 라벨을 선택하여 속성창이 표시되면 Text 항목을 '아이디 :'로 바꿉니다.

그림 5-9 라벨 속성 설정

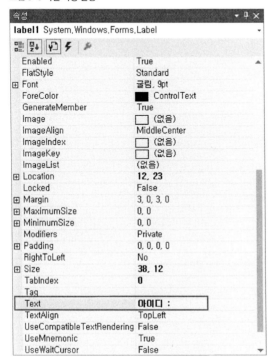

8. 다시 도구 상자로 가서 [모든 Windows Forms → TextBox]를 클릭하여 '접속정보' 그룹박스의 '아이디 :' 라벨 우측으로 드래그 앤 드롭합니다.

그림 5-10 **텍스트박스 추가**

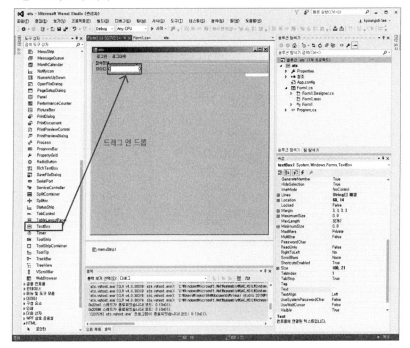

9. 도구 상자에서 [모든 Windows Forms → Label]을 드래그 앤 드롭하여 앞에서 생성한 텍스트박스 바로 옆에 라벨을 하나 더 생성합니다.

10. 새로 생성한 라벨의 속성창에서 Text 항목을 '증권계좌번호 :'로 바꿉니다(그림 5-11).

11. 또다시 도구 상자에서 [모든 Windows Forms → ComboBox]를 클릭하여 '증권계좌번호 :' 라벨의 우측으로 드래그 앤 드롭합니다. 콤보박스 추가까지 완료하면 원폼은 [그림 5-12]와 같이 보입니다.

그림 5-11 라벨 속성 설정

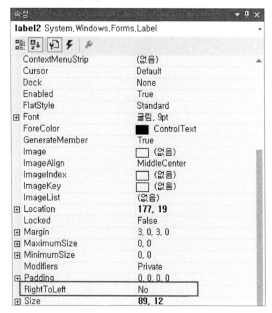

그림 5-12 콤보박스 추가

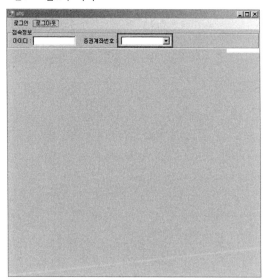

## 5.4 거래종목 그리드

거래종목 그리드는 자동매매 시스템이 거래할 종목에 대한 매매 전략을 설정하는 종목 설정창입니다. 따라서 이 설정창에 종목별 거래 전략을 설정하면 해당 종목을 자동으로 사고팔게 됩니다. 설정 방법은 다음과 같습니다.

1. 도구 상자에서 [모든 Windows Forms → GroupBox]를 클릭하여 '접속정보' 그룹박스 바로 밑으로 드래그 앤 드롭합니다.

2. 생성된 그룹박스의 우측 하단 모서리를 클릭한 후 마우스로 크기를 조정하고, 위치도 적당하게 옮깁니다.

3. 생성된 그룹박스를 선택하면 우측 하단에 속성창이 표시됩니다. 이때 속성창의 Text 항목을 '거래종목 설정'으로 바꿉니다.

그림 5-13 그리드창을 담을 그룹박스 생성

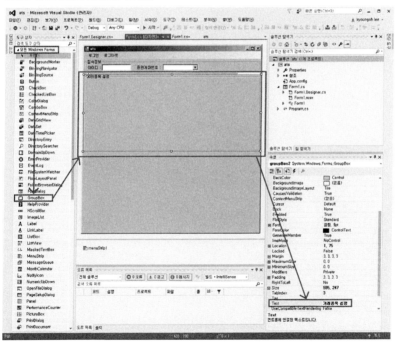

4. 도구 상자에서 [모든 Windows Forms → DataGridView]을 클릭하여 '거래종목 설정' 그룹박스 안으로 드래그 앤 드롭합니다.

5. 생성된 데이터그리드뷰의 우측하단의 모서리를 클릭하여 크기를 적당하게 조정해 줍니다. 위치도 알맞게 조정합니다.

6. 생성된 데이터그리드뷰의 우측 하단의 속성창을 클릭하여 Background Color 항목을 'Control'로, BorderStyle 항목을 'Fixed3D'로, RowHeader Visible 항목을 'False'로 설정합니다.

그림 5-14 데이터그리드뷰 추가

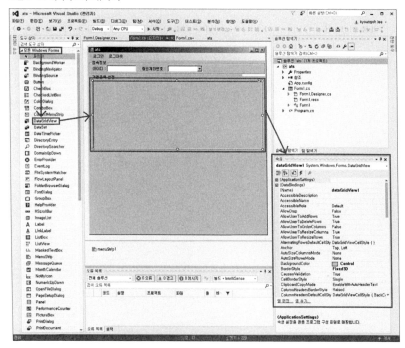

7. 생성된 데이터그리드뷰의 속성창에서 Columns 항목(컬렉션)을 클릭하면 우측에 [...] 버튼이 생깁니다. 해당 버튼을 클릭하면 [그림 5-15]와 같이 열 편집 창이 뜨고, 이 창 하단의 [추가] 버튼을 클릭하면 열 추가 창이 뜹니다.

그림 5-15 컬럼 추가

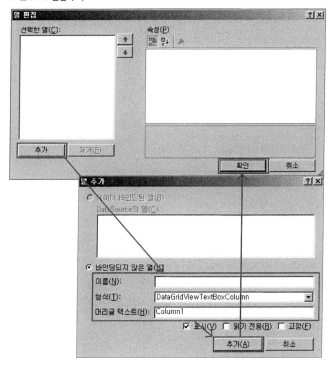

8. 다음 표를 참고하여 열 추가 창에 이름과 형식, 머리글 텍스트 값을 차례대로 입력하고 컬럼을 추가합니다.

표 5-2 데이터그리드뷰 컬럼 추가

| 이름 | 형식 | 머리글 텍스트 |
|---|---|---|
| seq | DataGridViewTextBoxColumn | 순번 |
| jongmok_cd | DataGridViewTextBoxColumn | 종목코드 |
| jongmok_nm | DataGridViewTextBoxColumn | 종목명 |
| priority | DataGridViewTextBoxColumn | 우선순위 |
| buy_amt | DataGridViewTextBoxColumn | 매수금액 |
| buy_price | DataGridViewTextBoxColumn | 매수가 |
| target_price | DataGridViewTextBoxColumn | 목표가 |
| cut_loss_price | DataGridViewTextBoxColumn | 손절가 |
| buy_trd_yn | DataGridViewComboBoxColumn | 매수여부 |

| 이름 | 형식 | 머리글 텍스트 |
|---|---|---|
| sell_trd_yn | DataGridViewComboBoxColumn | 매도여부 |
| check | DataGridViewCheckBoxColumn | 체크 |

9. 컬럼 추가가 끝나면 열 편집 창은 다음과 같습니다.

그림 5-16 각 컬럼의 속성 설정

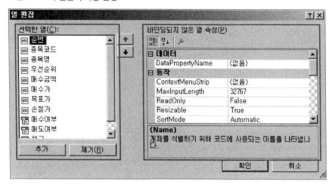

10. 특정 컬럼을 선택하면 우측에 바인딩되지 않은 열 속성이 뜨는데, 해당 속성
    의 Width 항목을 다음 표와 같이 조정합니다.

표 5-3 각 컬럼의 너비 설정

| 컬럼 이름 | Width 값 |
|---|---|
| 순번 | 60 |
| 종목코드 | 80 |
| 종목명 | 80 |
| 우선순위 | 80 |
| 매수금액 | 80 |
| 매수가 | 70 |
| 목표가 | 70 |
| 손절가 | 70 |
| 매수여부 | 80 |
| 매도여부 | 80 |
| 체크 | 60 |

11. 매수여부와 매도여부는 Items 항목에서 (컬렉션) 값으로 'Y, N'을 각각 추가해 줍니다.

그림 5-17 컬럼 항목 추가

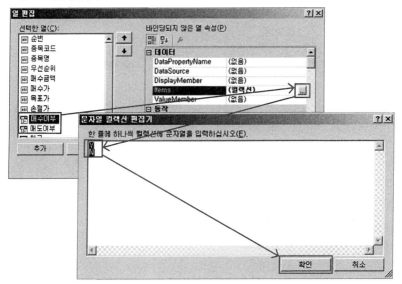

12. 설정이 완료되면 다음과 같이 화면이 구성됩니다.

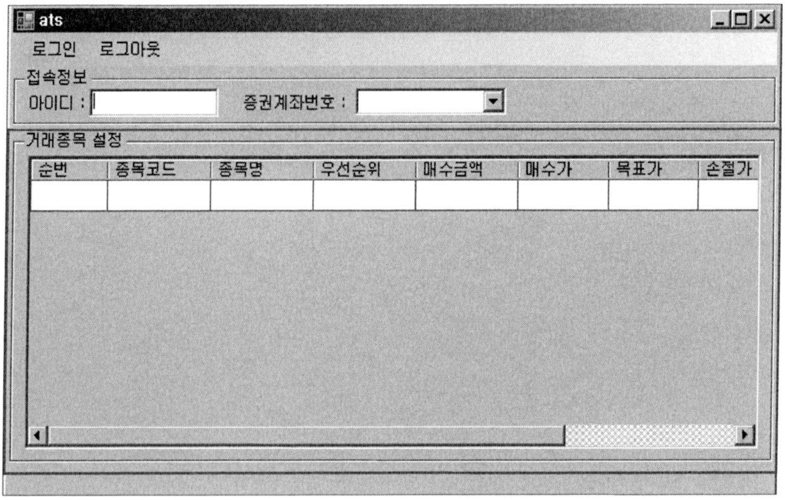

그림 5-18 컬럼 추가된 데이터그리드뷰

13. 그리드창의 컬럼 수가 많아지면서 한 화면에 모든 컬럼이 보이지 않게 되고, 거래종목 그리드를 설정한 각종 설정 버튼이 들어갈 자리가도 없습니다. 윈폼의 크기를 늘리고 내부 컴포넌트들을 전반적으로 조정하여 다음과 같이 설정합니다.

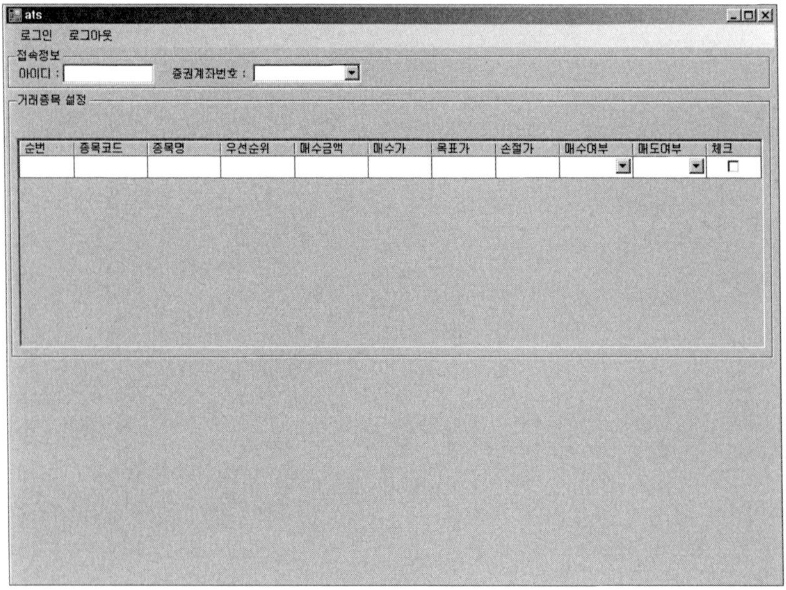

그림 5-19 데이터그리드뷰 조정

이번에는 거래종목 데이터그리드뷰의 설정을 수행할 조회, 삽입, 수정, 삭제 버튼을 차례대로 만들겠습니다.

1. 도구 상자에서 [모든 Windows Forms → Button]을 클릭하여 윈폼의 '거래종목 설정' 그룹박스의 데이터그리드뷰 바로 위로 드래그 앤 드롭합니다.

2. 추가된 버튼의 속성창에서 Text 항목을 '조회'로 바꿉니다.

3. 이와 같은 방식으로 '삽입, 수정, 삭제' 버튼을 차례로 추가합니다.

그림 5-20 데이터그리드뷰 설정 버튼 추가

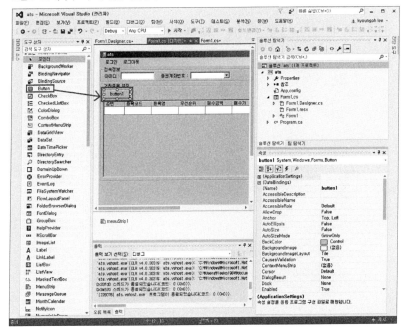

## 4. 4가지 버튼을 모두 추가하면 다음과 같은 모습이 됩니다.

그림 5-21 데이터그리드뷰 설정 버튼 구성 완료

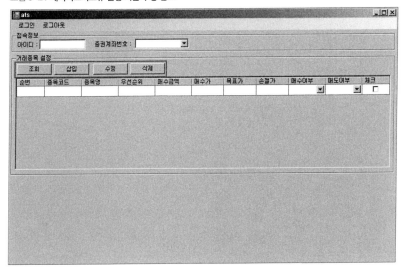

## 5.5 자동매매 시작/중지 버튼

거래종목 설정이 완료된 상태에서 [시작] 버튼을 누르면 자동매매 시스템은 주식 매매를 시작합니다. 버튼을 누름과 동시에 C# 원폼과는 별도로 스레드가 생성되고 해당 스레드가 무한으로 반복하면서 주식을 자동으로 매매하게 됩니다.

여기서 스레드는 C# 원폼 안에서 돌아가는 별도의 프로그램이라고 이해하면 됩니다. 예를 들어, 워드프로세서에서 문서를 작성할 때 맞춤법이 틀린 문장에는 빨간색 밑줄이 그어지는 것을 볼 수 있습니다. 이는 워드프로세서에서 구동되는 스레드가 문서를 검사하여 맞춤법이 틀린 문장에 빨간색 밑줄을 그은 겁니다.

자동매매 시스템도 이와 같은 원리로, C# 원폼에서는 로그인과 거래종목 설정을 하고 실제로는 C# 원폼에 생성된 스레드가 자동으로 매매주문을 하게 됩니다. 이번에 생성할 [자동매매 시작/중지] 버튼은 이러한 스레드를 생성하고 소멸하는 역할을 합니다. 생성 방법은 다음과 같습니다.

1. 도구 상자에서 [모든 Windows Forms → GroupBox]을 클릭하여 폼의 거래종목 설정 그룹박스 바로 밑으로 드래그 앤 드롭합니다(그림 5-22).

2. 생성된 그룹박스 우측 하단의 모서리를 클릭한 후 마우스로 크기를 적당하게 조정합니다. 그룹박스의 위치도 알맞게 조정합니다.

3. 생성된 그룹박스를 선택하면 속성창이 표시됩니다. 속성창의 Text 항목을 클릭하여 '자동매매 시작/중지'라고 바꿉니다.

4. 도구 상자의 Button을 클릭하여 자동매매 시작/중지 그룹박스로 드래그 앤 드롭합니다.

5. 생성된 버튼을 선택하여 속성창의 Text 항목을 '자동매매 시작'으로 바꿉니다.

6. 도구 상자의 Button을 하나 더 자동매매 시작/중지 그룹박스에 드래그 앤 드롭하고, 생성된 버튼을 선택하여 속성창의 Text 항목을 '자동매매 중지'로 바꿉니다. 버튼 구현이 완료되면 [그림 5-23]과 같은 모습이 됩니다.

그림 5-22 자동매매 시작/중지 그룹박스 생성

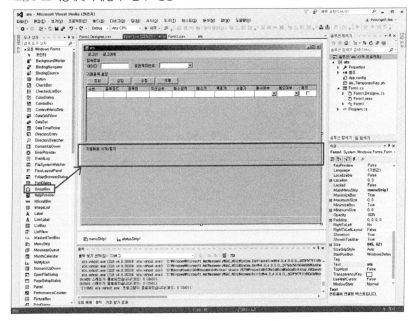

그림 5-23 자동매매 시작/중지 버튼 구현 완료

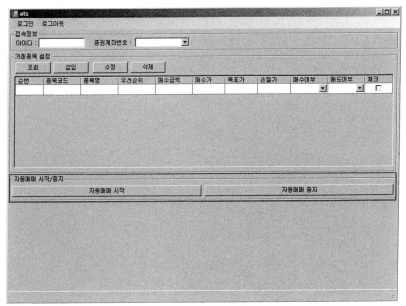

로그 메시지 출력창

자동매매 시스템은 실행 중에 프로그램의 정상실행 여부나 거래 진행상황 등을 알
수 있어야 합니다. 또한, 프로그램에서 발생하는 예외 처리나 오류 등에 대해서도
알 수 있어야 합니다. 즉, 프로그램에 대한 로그 메시지를 기록할 출력창이 필요합
니다. 이를 만드는 방법은 다음과 같습니다.

1. 도구 상자에서 [모든 Windows Forms → GroupBox]을 클릭하여 폼의 자
   동매매 시작/중지 그룹박스 바로 밑으로 드래그 앤 드롭합니다.
2. 생성된 그룹박스의 크기와 위치를 알맞게 조정합니다.
3. 생성된 그룹박스를 선택하여 우측 하단에 속성창이 표시되면 속성창의 Text
   항목을 '메시지 로그'로 바꿉니다.

그림 5-24 메시지 로그 출력을 위한 그룹박스 생성

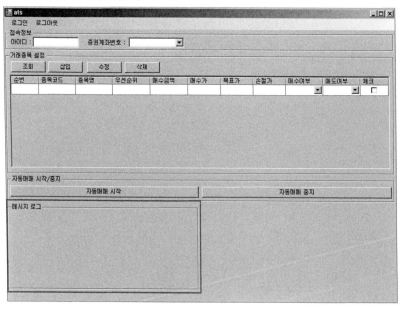

4. 도구 상자에서 [모든 Windows Forms → GroupBox]를 클릭하여 메시지
   로그 그룹박스 옆으로 드래그 앤 드롭합니다.

5. 생성된 그룹박스의 크기와 위치를 알맞게 조절합니다.

6. 생성된 그룹박스를 선택하고 속성창의 Text 항목을 '오류 로그'로 바꿉니다.

그림 5-25 오류 로그 출력을 위한 그룹박스 생성

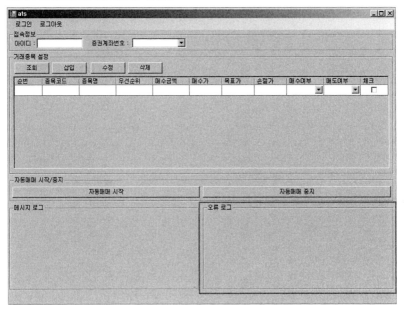

7. 도구 상자에서 [모든 Windows Forms → TextBox]를 클릭하여 메시지 로그 그룹박스로 드래그 앤 드롭합니다.

8. TextBox를 선택하여 속성창의 Multiline 항목을 'True'로, ScrollBars 항목을 'Both'로 설정합니다. 또한, BackColor 항목을 'Black'으로, ForeColor 항목을 'Lime'으로 설정합니다.

9. 다시 한 번 도구 상자의 TextBox를 클릭하여 '오류 로그' 그룹박스로 드래그 앤 드롭합니다.

10. TextBox를 선택하여 속성창 Multiline 항목을 'True', ScrollBars 항목을 'Both'로 설정합니다. 또한, BackColor 항목을 'Black', ForeColor 항목을 'Yellow'로 설정합니다.

메시지 로그창과 오류 로그창의 구현이 완료되면 다음과 같이 보입니다.

그림 5-26 구현 완료한 로그창

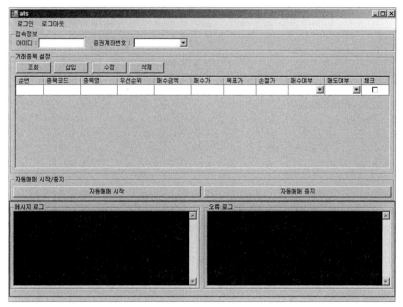

이번에는 상태바를 생성하겠습니다. 상태바는 UI 화면 가장 아래쪽에 프로그램 전체의 상황을 표시해 줍니다.

1. 도구 상자에서 [모든 Windows Forms → StatusStrip]을 클릭하여 UI 화면 가장 아래쪽으로 드래그 앤 드롭합니다.

2. 생성된 StatusStrip에서 아래 방향 화살표 모양의 버튼을 클릭합니다(그림 5-27).

3. 버튼을 클릭하면 나타나는 메뉴 중에서 'StatusLabel'을 선택하고 우측 하단 속성창의 Text 항목을 'ats에 오신 것을 환영합니다.'로 변경합니다(그림 5-28).

그림 5-27 상태바 생성

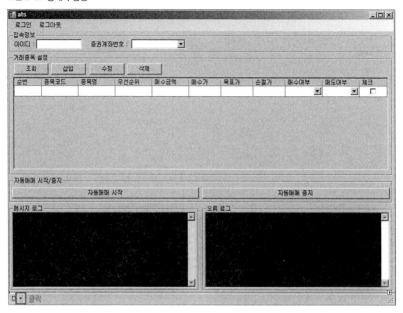

그림 5-28 상태바 설정 완료

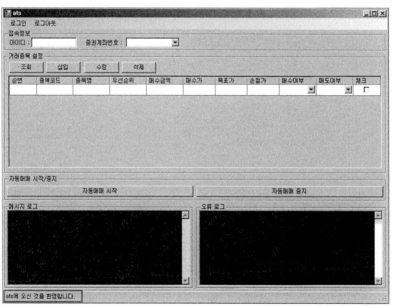

# chapter 6

# 필수 메서드 구현

필수 메서드는 반복적으로 자주 실행되는 작업을 별도로 구현하여 다른 메서드에서 호출만으로 해당 작업을 수행하기 위해 만듭니다. 메서드는 클래스에 존재하며 하나의 클래스는 여러 개의 메서드를 가질 수 있습니다. 6장에서는 자동매매 시스템에서 주로 사용하는 필수 메서드를 구현해보겠습니다.

## 6.1 현재시각 가져오기 메서드

현재시각은 자동매매 시스템에서 매우 중요하며 반복적으로 얻어와야 하는 값입니다. 현재시각을 기준으로 주식시장이 장 중인지 장 종료인지를 판단해야 하고, 로그 메시지를 남길 때 해당 메시지가 출력된 시각도 같이 출력해야 하기 때문입니다.

솔루션 탐색기에서 Form1.cs 파일을 열고 Form1 클래스에 다음 메서드를 구현합니다. get_cur_tm 메서드는 현재시각의 시분초를 문자열로 리턴하는 메서드입니다.

```
public string get_cur_tm()
{
    DateTime l_cur_time;
    string l_cur_tm;

    l_cur_time = DateTime.Now; // 현재시각을 l_cur_time에 저장
    l_cur_tm = l_cur_time.ToString("HHmmss"); // 시분초를 l_cur_tm에 저장
```

```
    return l_cur_tm; // 현재시각 리턴
}
```

## 6.2 종목명 가져오기 메서드

키움증권 Open API는 종목코드의 종목명을 리턴하는 함수인 'GetMaster CodeName'을 제공합니다. 종목명 가져오기 메서드는 GetMasterCodeName 함수를 호출하여 특정 종목코드의 종목명을 문자열로 돌려줍니다.

솔루션 탐색기에서 Form1.cs 파일을 열고 Form1 클래스에 다음 메서드를 구현합니다.

```
public string get_jongmok_nm(string i_jongmok_cd) // 종목코드를 입력값으로 받음
{
    string l_jongmok_nm = null;

    l_jongmok_nm = axKHOpenAPI1.GetMasterCodeName(i_jongmok_cd); // 종목명 가져오기
    return l_jongmok_nm; // 종목명 리턴
}
```

앞의 메서드에서 사용한 함수는 다음과 같습니다.

표 6-1 Open API 노트

| 함수명 | 설명 | 입력값(데이터 타입) | 출력값(데이터 타입) |
|--------|------|---------------------|---------------------|
| GetMasterCodeName | 종목코드의 한글명을 반환합니다. | 종목코드(문자열) | 종목명(문자열) |

## 6.3 오라클 접속 연결 메서드

자동매매 시스템에서 오라클에 접속하여 데이터를 조회, 삽입, 수정, 삭제하는 작업은 매우 빈번하게 일어납니다. 그러므로 오라클 접속 연결 메서드를 구현하여 메서드를 호출하는 것만으로 오라클에 접속할 수 있게 하겠습니다.

1. 솔루션 탐색기에서 Form1.cs 파일을 열고 소스 파일의 가장 위쪽 using 절에 다음 using 문을 추가합니다.

```
using Oracle.ManagedDataAccess.Client;
```

2. Form1 클래스에 오라클 접속 연결 메서드를 다음과 같이 구현합니다.

```
private OracleConnection connect_db() // 오라클 연결 변수를 리턴
{
    String conninfo="User Id=ats;
    Password=1234;
    Data Source=(DESCRIPTION=
        (ADDRESS=(PROTOCOL=TCP)(HOST=localhost)(PORT=1521))
        (CONNECT_DATA=(SERVER=DEDICATED)(SERVICE_NAME=xe)) );"; // 접속정보 변수 저장

    OracleConnection conn = new OracleConnection(conninfo); // 오라클 연결 인스턴스 생성

    try
    {
        conn.Open(); // 오라클 접속
    }
    catch (Exception ex) // 접속 실패 시
    {
        MessageBox.Show("connect_db() FAIL! " + ex.Message, "오류 발생"); // 메시지
박스 출력
        conn = null;
    }
    return conn; // conn 변수 리턴
}
```

## 6.4 메시지 로그 출력 메서드

시스템의 현재상황이나 예외사항 또는 오류 등을 로그를 통해 알 수 있기 때문에 메시지 로그 출력은 자동매매 시스템에서 매우 중요합니다. 앞 장에서 UI 화면을

구성하면서 메시지 로그를 남길 수 있는 메시지 로그창을 만들었습니다. 이번에는 텍스트박스로 만든 이 창에 로그를 남길 수 있는 메서드를 구현해보겠습니다.

1. C# 윈폼의 메시지 로그 그룹박스 안에 있는 텍스트 박스를 클릭하여 속성창의 (Name) 항목을 'textBox_msg_log'로 설정합니다.

그림 6-1 메시지 로그창 이름 입력

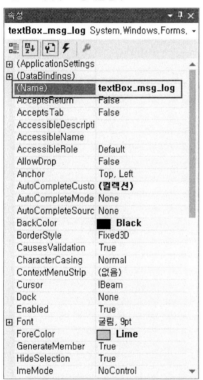

2. 솔루션 탐색기에서 Form1.cs 파일을 열고 Form1 클래스에 다음 메서드를 구현합니다

---

```csharp
public void write_msg_log(String text, int is_clear)
{
    DateTime l_cur_time;
    String l_cur_dt;
```

```csharp
        String l_cur_tm;
        String l_cur_dtm;

        l_cur_dt = "";
        l_cur_tm = "";

        l_cur_time = DateTime.Now;
        l_cur_dt = l_cur_time.ToString("yyyy-") + l_cur_time.ToString("MM-") + l_cur_
time.ToString("dd");
        l_cur_tm = l_cur_time.ToString("HH:mm:ss");

        l_cur_dtm = "[" + l_cur_dt + " " + l_cur_tm + "]";

        if (is_clear == 1)
        {
            if (this.textBox_msg_log.InvokeRequired)
            {
                textBox1.BeginInvoke(new Action(() => textBox_msg_log.Clear()));
            }
            else
            {
                this.textBox1.Clear();
            }
        }
        else
        {
            if (this.textBox_msg_log.InvokeRequired)
            {
                textBox_msg_log.BeginInvoke(new Action(() => textBox_msg_log.
AppendText(l_cur_dtm + text)));
            }
            else
            {
                this.textBox_msg_log.AppendText(l_cur_dtm + text);
            }
        }
    }
}
```

3. C# 윈폼의 오류 로그 그룹박스 안에 있는 텍스트 박스를 클릭하여 속성창의
   (Name) 항목을 'textBox_err_log'로 설정합니다.

## 4. 솔루션 탐색기에서 Form1.cs 파일을 열고 Form1 클래스에 다음 메서드를 구현합니다

```
public void write_err_log(String text, int is_clear)
{
    DateTime l_cur_time;
    String l_cur_dt;
    String l_cur_tm;
    String l_cur_dtm;

    l_cur_dt = "";
    l_cur_tm = "";

    l_cur_time = DateTime.Now;
    l_cur_dt = l_cur_time.ToString("yyyy-") + l_cur_time.ToString("MM-") + l_cur_
time.ToString("dd");
    l_cur_tm = l_cur_time.ToString("HH:mm:ss");

    l_cur_dtm = "[" + l_cur_dt + " " + l_cur_tm + "]";

    if (is_clear == 1)
    {
        if (this.textBox_err_log.InvokeRequired)
        {
            textBox_err_log.BeginInvoke(new Action(() => textBox_err_log.Clear()));
        }
        else
        {
            this.textBox_err_log.Clear();
        }
    }
    else
    {
        if (this.textBox_err_log.InvokeRequired)
        {
            textBox_err_log.BeginInvoke(new Action(() => textBox_err_log.
AppendText(l_cur_dtm + text)));
        }
        else
        {
            this.textBox_err_log.AppendText(l_cur_dtm + text);
        }
    }
}
```

## 6.5 지연 메서드

자동매매 시스템이 키움증권 Open API를 통해 각종 정보 요청 또는 매매주문을 하면 키움증권 Open API는 해당 요청을 처리한 후 응답합니다. 하지만 키움증권에서 운영하는 Open API 서버는 시스템 리소스와 네트워크 환경 등을 고려하여 초당 5회까지로 요청 횟수를 제한하고 있습니다. 또한, C# 원폼에서 한시도 쉬지 않고 특정 작업을 계속한다면 PC가 부하를 이기지 못해 프로그램이 멈출 수도 있습니다. 이러한 제한사항들을 조절하기 위해 특정 시간 동안 프로그램이 지연되게 해야 합니다. 이는 자주 수행하는 작업이므로 메서드를 구현하여 반복적으로 호출합니다.

1. 솔루션 탐색기에서 Form1.cs 파일을 열고 using 절에 다음 using 문을 추가 합니다.

```
using System.Runtime.ExceptionServices;
using System.Security;
```

2. Form1.cs 파일의 Form1 클래스에 다음 메서드를 구현합니다

```
[HandleProcessCorruptedStateExceptions]
[SecurityCritical]
public DateTime delay(int MS)
{
    DateTime ThisMoment = DateTime.Now;
    TimeSpan duration = new TimeSpan(0, 0, 0, 0, MS);
    DateTime AfterWards = ThisMoment.Add(duration);

    while (AfterWards >= ThisMoment)
    {
        try
        {
            unsafe
            {
                System.Windows.Forms.Application.DoEvents();
```

```
            }
        }
        catch (AccessViolationException ex)
        {
            write_err_log("delay() ex.Message : [" + ex.Message + "]\n", 0);
        }
        ThisMoment = DateTime.Now;
    }
    return DateTime.Now;
}
```

## 6.6 요청번호 부여 메서드

Open API를 통해 데이터 수신과 송신을 처리할 때는 특정 요청번호를 부여하여
전달해야 하고, 요청에 대한 응답 처리가 끝나면 전달한 요청번호는 해제합니다.
요청번호 부여는 데이터 수신과 송신을 처리할 때마다 반복해서 실행하게 되므로
필수 메서드로 구현합니다.

1. Form1 클래스에 다음과 같이 클래스 변수를 선언합니다.

```
int g_scr_no = 0; // Open API 요청번호
```

2. Form1.cs 파일의 Form1 클래스에 다음 메서드를 구현합니다.

```
private string get_scr_no() //Open API 화면번호 가져오기 메서드
{
    if (g_scr_no < 9999)
        g_scr_no++;
    else
        g_scr_no = 1000;

    return g_scr_no.ToString();
}
```

# chapter 7

# 로그인 구현

키움증권의 Open API는 로그인 창을 제공하므로 자동매매 시스템에서는 키움
증권의 Open API가 제공하는 로그인 창을 띄우는 함수를 호출하기만 하면 간단
하게 로그인 기능을 구현할 수 있습니다.

## 7.1 로그인

1. C# 윈폼 상단의 '로그인'을 더블 클릭합니다.

그림 7-1 메뉴바의 로그인 더블클릭

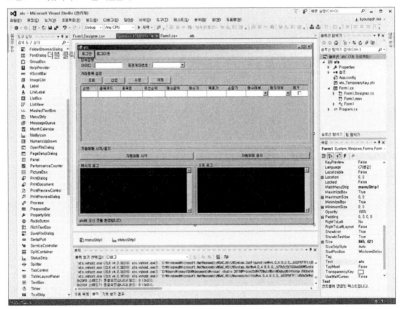

2. '로그인'을 더블 클릭하면 다음과 같은 이벤트 메서드[01]가 자동으로 생성됩니다.

```
private void 로그인ToolStripMenuItem_Click(object sender, EventArgs e)
{

}
```

로그인에 성공하면 사용자의 키움증권 아이디와 증권계좌번호를 가져옵니다. 이때 아이디는 접속정보 그룹박스의 아이디 텍스트박스에 출력하고, 증권계좌번호는 아이디당 여러 개의 증권계좌번호가 존재할 수 있으므로 접속정보 그룹박스의 증권계좌번호 콤보박스에 저장합니다.

사용자가 접속한 키움증권의 아이디와 증권계좌번호는 자동매매 시스템에서 매우 중요한 정보이므로 클래스 변수로 선언하여 자동매매 시스템의 모든 메서드가 공유할 수 있게 합니다.

1. 클래스 변수는 Form1 클래스 내부에 다음과 같이 선언합니다.

**클래스 변수 선언**

```
using System;
using System.Collections.Generic;
using System.ComponentModel;
using System.Data;
using System.Drawing;
using System.Linq;
using System.Text;
using System.Threading.Tasks;
using System.Windows.Forms;
using Oracle.ManagedDataAccess.Client;
using System.Runtime.ExceptionServices;
using System.Security;

namespace ats
```

---

01 사용자가 특정 요청을 할 때 발생하는 것을 '이벤트'라고 하고, 해당 이벤트에서 수행할 작업을 구현한 메서드를 '이벤트 메서드'라고 합니다.

```
{
    public partial class Form1 : Form
    {
        string g_user_id = null;
        string g_accnt_no = null;

        public Form1()
        {
            InitializeComponent();
        } ();
    }
}
```

2. 클래스 변수 선언을 완료하면 로그인 이벤트 메서드에 다음 소스 코드를 입력
   합니다.

```
private void 로그인ToolStripMenuItem_Click(object sender, EventArgs e)
{
    int ret = 0;
    int ret2 = 0;

    String l_accno = null; // 증권계좌번호
    String l_accno_cnt = null; // 소유한 증권계좌번호의 수
    String[] l_accno_arr = null; // N개의 증권계좌번호를 저장할 배열

    ret = axKHOpenAPI1.CommConnect();// 로그인 창 호출

    if (ret == 0)
    {
        toolStripStatusLabel1.Text = "로그인 중...";

        for (;;)
        {
            ret2 = axKHOpenAPI1.GetConnectState(); // 로그인 완료 여부를 가져옴
            if (ret2 == 1) // 로그인이 완료되면
            {
                break; // 반복문을 벗어남
            }
            else // 그렇지 않으면
            {
                delay(1000); // 1초 지연
            }
```

```
        }
        toolStripStatusLabel1.Text = "로그인 완료"; // 화면 하단 상태란에 메시지 출력

        g_user_id = "";
        g_user_id = axKHOpenAPI1.GetLoginInfo("USER_ID").Trim(); // 사용자 아이디
를 가져와서 클래스 변수에 저장
        textBox1.Text = g_user_id; // 클래스 변수에 저장한 아이디를 텍스트박스에 출력

        l_accno_cnt = "";
        l_accno_cnt = axKHOpenAPI1.GetLoginInfo("ACCOUNT_CNT").Trim(); // 사용자
의 증권계좌번호 수를 가져옴
        l_accno_arr = new String[int.Parse(l_accno_cnt)];

        l_accno = "";
        l_accno = axKHOpenAPI1.GetLoginInfo("ACCNO").Trim(); // 증권계좌번호 가져옴

        l_accno_arr = l_accno.Split(';');

        comboBox1.Items.Clear();
        comboBox1.Items.AddRange(l_accno_arr); // N개의 증권계좌번호를 콤보박스에 저장
        comboBox1.SelectedIndex = 0; // 첫 번째 계좌번호를 콤보박스 초기 선택으로 설정
        g_accnt_no = comboBox1.SelectedItem.ToString().Trim(); // 설정된 증권계좌
번호를 클래스 변수에 저장
    }
}
```

앞의 코드에서는 Open API가 제공하는 CommConnect, GetConnectState, Get
LoginInfo 함수를 사용하였습니다. 이 함수들의 역할은 다음과 같습니다.

표 7-1 Open API 함수

| 함수명 | 설명 | 입력값(데이터 타입) | 출력값(데이터 타입) |
|---|---|---|---|
| CommConnect | Open API에서 제공하는 로그인 창을 실행(호출) 합니다. | 없음 | 로그인 호출결과(정수)<br>0 이면 성공<br>음수면 실패 |
| GetConnectState | 로그인 여부를 반 환합니다. | 없음 | 로그인 여부(정수)<br>1 이면 연결완료<br>0 이면 미연결 |

| 함수명 | 설명 | 입력값(데이터 타입) | 출력값(데이터 타입) |
|---|---|---|---|
| GetLoginInfo | 로그인한 사용자의 정보를 반환합니다. | 사용자 정보 구분(문자열)<br>ACCOUNT_CNT: 전체 증권계좌의 수<br>ACCNO: 전체 증권계좌번호(구분값 ';')<br>USER_ID: 사용자ID<br>USER_NAME: 사용자명 | 사용자 정보 구분에 따른 정보값(문자열) |

마지막으로 접속정보 그룹박스의 증권계좌번호를 저장하는 콤보박스에서 계좌번호를 선택할 때 선택한 계좌번호를 클래스 변수인 g_accnt_no에 저장하는 이벤트 메서드를 구현하겠습니다.

1. 증권계좌번호 콤보박스를 더블 클릭하면 다음과 같은 이벤트 메서드가 생성됩니다.

```
private void comboBox1_SelectedIndexChanged(object sender, EventArgs e)
{

}
```

2. 해당 이벤트 메서드에 다음 소스 코드를 입력합니다.

```
private void comboBox1_SelectedIndexChanged(object sender, EventArgs e)
{
    g_accnt_no = comboBox1.SelectedItem.ToString().Trim();
    write_msg_log("사용할 증권계좌번호는 : [" + g_accnt_no + "] 입니다. \n", 0);
}
```

## 7.2 로그아웃

로그아웃은 Open API 함수를 호출하여 간단하게 구현할 수 있습니다.

1. 먼저 C# 윈폼 창 상단의 '로그아웃'을 더블 클릭합니다. 로그아웃을 더블 클릭하면 다음과 같은 이벤트 메서드가 자동으로 생성됩니다.

```
private void 로그아웃ToolStripMenuItem_Click(object sender, EventArgs e)
{

}
```

2. 해당 이벤트 메서드에 다음 소스 코드를 입력하면 로그아웃 작업을 수행합
   니다.

```
private void 로그아웃ToolStripMenuItem_Click(object sender, EventArgs e)
{
    axKHOpenAPI1.CommTerminate();
    toolStripStatusLabel1.Text = "로그아웃이 완료되었습니다.";
}
```

앞의 소스 코드에는 Open API에서 제공하는 CommTerminate 함수를 사용하
였는데, 이 함수의 역할은 다음과 같습니다.

표 7-2 Open API 함수

| 함수명 | 설명 | 입력값(데이터 타입) | 출력값(데이터 타입) |
|---|---|---|---|
| CommTerminate | Open API의 서버 접속을 해제하여 로그아웃합니다. | 없음 | 없음 |

## 7.3 증권계좌번호 선택

한 개의 아이디는 여러 개의 증권계좌번호를 가질 수 있습니다. 로그인이 완료되
면 증권계좌번호를 저장하는 콤보박스에 증권계좌번호가 저장되며 사용자는 주
식을 거래할 증권계좌번호를 선택할 수 있어야 합니다. 이번에는 증권계좌번호 선
택 기능을 구현해보겠습니다.

1. UI 화면 우측 상단의 증권계좌번호 콤보박스를 더블 클릭합니다.

그림 7-2 증권계좌번호 콤보박스 더블 클릭

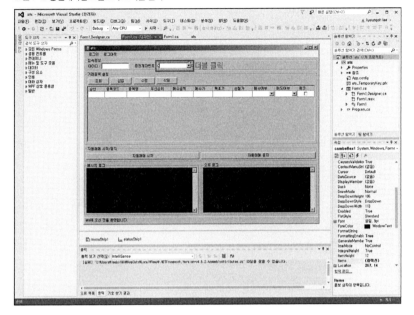

2. 콤보박스를 더블 클릭하면 comboBox1_SelectedIndexChanged 메서드가
   자동으로 생성됩니다. 해당 메서드에 다음 코드를 입력합니다.

```
private void comboBox1_SelectedIndexChanged(object sender, EventArgs e) // 증
권계좌번호 콤보박스 이벤트 메서드
{
    g_accnt_no = comboBox1.SelectedItem.ToString().Trim();
    write_msg_log("사용할 증권계좌번호는 : [" + g_accnt_no + "] 입니다. \n", 0);
}
```

# chapter 8

# 거래종목 설정 구현

자동매매 시스템은 사용자가 설정한 매매 원칙에 따라 자동으로 매매를 하는 시스템입니다. 따라서 사용자는 자신이 거래할 종목과 해당 종목에 따른 매매 전략을 설정해야 합니다. 이번 장에서는 이 중에서 거래종목을 설정하는 부분을 구현해보겠습니다.

3장에서 자동매매 시스템을 위한 데이터베이스를 구축하였고, 그 중 TB_TRD_JONGMOK 테이블을 생성하였습니다. 이 테이블은 거래종목에 대한 매매 전략을 설정하는 테이블로, 거래할 종목의 종목코드, 종목명, 매수가, 목표가, 손절가를 지정하게 됩니다. 또한, 해당 종목에 대한 매수 또는 매도 여부도 저장하게 됩니다. 해당 테이블 정보는 '거래종목 설정' 그리드 창에서 보여주게 되며 그리드 창에 있는 조회, 삽입, 수정, 삭제 버튼을 이용하여 해당 테이블의 내용을 설정할 수 있습니다. 각 버튼의 기능을 순서대로 구현해보겠습니다.

## 8.1 거래종목 조회

1. 거래종목 설정 그룹박스의 [조회] 버튼을 더블 클릭하면 다음과 같은 이벤트 메서드가 생성됩니다.

```
private void button1_Click(object sender, EventArgs e)
{

}
```

그림 8-1 조회 버튼 더블 클릭

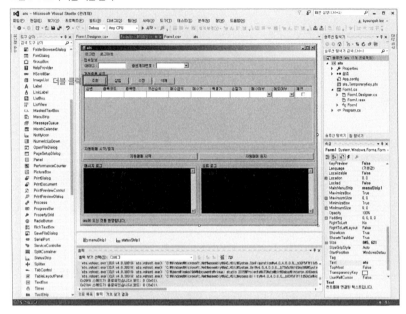

## 2. 생성된 이벤트 메서드에 다음 코드를 구현합니다.

```
private void button1_Click(object sender, EventArgs e)
{
    OracleCommand cmd;
    OracleConnection conn;
    OracleDataReader reader = null;

    string sql;

    string l_jongmok_cd;
    string l_jongmok_nm;
    int l_priority;
    int l_buy_amt;
    int l_buy_price;
    int l_target_price;
    int l_cut_loss_price;
    string l_buy_trd_yn;
    string l_sell_trd_yn;
    int l_seq = 0;
```

```
string[] l_arr = null;

conn = null;
conn = connect_db(); // 데이터베이스 연결

cmd = null;

cmd = new OracleCommand();
cmd.Connection = conn;
cmd.CommandType = CommandType.Text;

sql = null;
sql = " SELECT          " // 거래종목 테이블 조회 SQL작성
    "    JONGMOK_CD    ,        " +
    "    JONGMOK_NM    ,        " +
    "    PRIORITY      ,        " +
    "    BUY_AMT    ,        " +
    "    BUY_PRICE    ,        " +
    "    TARGET_PRICE    ,        " +
    "    CUT_LOSS_PRICE    ,        " +
    "    BUY_TRD_YN    ,        " +
    "    SELL_TRD_YN        " +
    " FROM            " +
    "    TB_TRD_JONGMOK  " +
    "    WHERE USER_ID = " + "'" + g_user_id + "' order by PRIORITY ";

cmd.CommandText = sql;

this.Invoke(new MethodInvoker(
delegate ()
{
    dataGridView1.Rows.Clear(); // 그리드뷰 초기화
}));

try
{
    reader = cmd.ExecuteReader(); // SQL수행
}
catch (Exception ex)
{
    write_err_log("SELECT TB_TRD_JONGMOK ex.Message : [" + ex.Message + "]\n", 0);
}

l_jongmok_cd = "";
l_jongmok_nm = "";
```

```
l_priority = 0;
l_buy_amt = 0;
l_buy_price = 0;
l_target_price = 0;
l_cut_loss_price = 0;
l_buy_trd_yn = "";
l_sell_trd_yn = "";

while (reader.Read())
{
    l_seq++;
    l_jongmok_cd = "";
    l_jongmok_nm = "";
    l_priority = 0;
    l_buy_amt = 0;
    l_buy_price = 0;
    l_target_price = 0;
    l_cut_loss_price = 0;
    l_buy_trd_yn = "";
    l_sell_trd_yn = "";
    l_seq = 0;

    // 각 컬럼 값 저장
    l_jongmok_cd = reader[0].ToString().Trim();
    l_jongmok_nm = reader[1].ToString().Trim();
    l_priority = int.Parse(reader[2].ToString().Trim());
    l_buy_amt = int.Parse(reader[3].ToString().Trim());
    l_buy_price = int.Parse(reader[4].ToString().Trim());
    l_target_price = int.Parse(reader[5].ToString().Trim());
    l_cut_loss_price = int.Parse(reader[6].ToString().Trim());
    l_buy_trd_yn = reader[7].ToString().Trim();
    l_sell_trd_yn = reader[8].ToString().Trim();

    l_arr = null;
    l_arr = new String[] { //가져온 결과를 문자열 배열에 저장
        l_seq.ToString(),
        l_jongmok_cd,
        l_jongmok_nm,
        l_priority.ToString(),
        l_buy_amt.ToString(),
        l_buy_price.ToString(),
        l_target_price.ToString(),
        l_cut_loss_price.ToString(),
```

```
            l_buy_trd_yn,
            l_sell_trd_yn
        };
        this.Invoke(new MethodInvoker(
        delegate ()
        {
            dataGridView1.Rows.Add(l_arr); // 데이터그리드뷰에 추가
        }));
    }
    write_msg_log("TB_TRD_JONGMOK 테이블이 조회되었습니다.\n", 0);
}
```

앞의 소스 코드는 TB_TRD_JONGMOK 테이블을 USER_ID 기준으로 조회하여 존재하
는 로우만큼 반복하고 각 컬럼을 읽어와서 문자열 배열에 저장한 후 해당 결과를
데이터그리드뷰에 뿌려주는 역할을 합니다. 이 메서드는 다음 순서로 작업합니다.

그림 8-2 거래종목 조회 절차

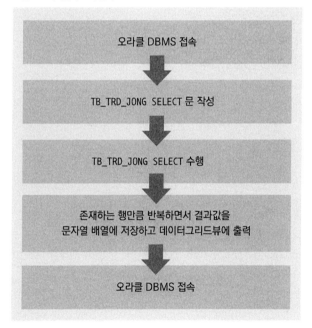

## 8.2 거래종목 삽입

거래종목 설정 그룹박스에 있는 [삽입] 버튼을 더블 클릭하면 새로운 이벤트 메서드가 생성되며, 해당 이벤트 메서드에 다음 소스 코드를 입력합니다. 이 코드는 데이터그리드뷰에서 체크된 항목을 TB_TRD_JONGMOK에 삽입(INSERT)합니다.

```csharp
private void button2_Click(object sender, EventArgs e)
{
    OracleCommand cmd;
    OracleConnection conn;

    string sql;

    string l_jongmok_cd;
    string l_jongmok_nm;
    int l_priority;
    int l_buy_amt;
    int l_buy_price;
    int l_target_price;
    int l_cut_loss_price;
    string l_buy_trd_yn;
    string l_sell_trd_yn;

    foreach (DataGridViewRow Row in dataGridView1.Rows)
    {
        if (Convert.ToBoolean(Row.Cells[check.Name].Value) != true)
        {
            continue;
        }
        if (Convert.ToBoolean(Row.Cells[check.Name].Value) == true)
        {
            l_jongmok_cd = Row.Cells[1].Value.ToString();
            l_jongmok_nm = Row.Cells[2].Value.ToString();
            l_priority = int.Parse(Row.Cells[3].Value.ToString());
            l_buy_amt = int.Parse(Row.Cells[4].Value.ToString());
            l_buy_price = int.Parse(Row.Cells[5].Value.ToString());

            l_target_price = int.Parse(Row.Cells[6].Value.ToString());
            l_cut_loss_price = int.Parse(Row.Cells[7].Value.ToString());

            l_buy_trd_yn = Row.Cells[8].Value.ToString();
            l_sell_trd_yn = Row.Cells[9].Value.ToString();

            conn = null;
            conn = connect_db();
```

```
cmd = null;
cmd = new OracleCommand();
cmd.Connection = conn;
cmd.CommandType = CommandType.Text;

sql = null;
sql = @"insert into TB_TRD_JONGMOK values " +
                "(" +
                    "'" + g_user_id + "'" + "," +
                    "'" + l_jongmok_cd + "'" + "," +
                    "'" + l_jongmok_nm + "'" + "," +
                    + l_priority + "," +
                    + l_buy_amt  + "," +
                    + l_buy_price + "," +
                    + l_target_price + "," +
                    + l_cut_loss_price + "," +
                    "'" + l_buy_trd_yn + "'" + "," +
                    "'" + l_sell_trd_yn + "'" + "," +
                    "'" + g_user_id + "'" + "," +
                    "sysdate " + "," +
                    "NULL" + "," +
                    "NULL" +
                ")";
cmd.CommandText = sql;
try
{
    cmd.ExecuteNonQuery();
}
catch (Exception ex)
{
    write_err_log("insert TB_TRD_JONGMOK ex.Message : [" + ex.Message
+ "]\n", 0);
}
write_msg_log("종목코드 : [" + l_jongmok_cd + "]" + "가 삽입되었습니다.\n", 0);
conn.Close();
        }
    }
}
```

## 8.3 거래종목 수정

거래종목 설정 그룹박스의 [수정] 버튼을 더블 클릭하면 새로운 이벤트 메서드가
생성되며 해당 이벤트 메서드에 다음 소스 코드를 입력합니다. 이 코드는 데이터
그리드뷰에서 체크된 항목의 값을 변수에 저장하고 해당 값을 기준으로 TB_TRD_
JONGMOK 테이블을 수정(UPDATE)합니다.

```
private void button3_Click(object sender, EventArgs e)
{
    OracleCommand cmd;
    OracleConnection conn;

    string sql;

    string l_jongmok_cd;
    string l_jongmok_nm;
    int l_priority;
    int l_buy_amt;
    int l_buy_price;
    int l_target_price;
    int l_cut_loss_price;
    string l_buy_trd_yn;
    string l_sell_trd_yn;

    foreach (DataGridViewRow Row in dataGridView1.Rows)
    {
        if (Convert.ToBoolean(Row.Cells[check.Name].Value) != true)
        {
            continue;
        }
        if (Convert.ToBoolean(Row.Cells[check.Name].Value) == true)
        {
            l_jongmok_cd = Row.Cells[1].Value.ToString();
            l_jongmok_nm = Row.Cells[2].Value.ToString();
            l_priority = int.Parse(Row.Cells[3].Value.ToString());
            l_buy_amt = int.Parse(Row.Cells[4].Value.ToString());
            l_buy_price = int.Parse(Row.Cells[5].Value.ToString());
            l_target_price = int.Parse(Row.Cells[6].Value.ToString());
            l_cut_loss_price = int.Parse(Row.Cells[7].Value.ToString());
            l_buy_trd_yn = Row.Cells[8].Value.ToString();
```

```
l_sell_trd_yn = Row.Cells[9].Value.ToString();

conn = null;
conn = connect_db();

cmd = null;
cmd = new OracleCommand();
cmd.Connection = conn;
cmd.CommandType = CommandType.Text;

sql = null;
sql = @" UPDATE TB_TRD_JONGMOK
        SET
            JONGMOK_NM = " + "'" + l_jongmok_nm + "'" + "," +
            " PRIORITY = " + l_priority + "," +
            " BUY_AMT = " + l_buy_amt + "," +
            " BUY_PRICE = " + l_buy_price + "," +
            " TARGET_PRICE = " + l_target_price + "," +
            " CUT_LOSS_PRICE = " + l_cut_loss_price + "," +
            " BUY_TRD_YN = " + "'" + l_buy_trd_yn + "'" + "," +
            " SELL_TRD_YN = " + "'" + l_sell_trd_yn + "'" + "," +
            " UPDT_ID = " + "'" + g_user_id + "'" + "," +
            " UPDT_DTM = SYSDATE " +
        " WHERE JONGMOK_CD = " + "'" + l_jongmok_cd + "'" +
        " AND USER_ID = " + "'" + g_user_id + "'";

cmd.CommandText = sql;

try
{
    cmd.ExecuteNonQuery();
}
catch (Exception ex)
{
    write_err_log("UPDATE TB_TRD_JONGMOK ex.Message : [" + ex.Message
+ "]\n", 0);
}
write_msg_log("종목코드 : [" + l_jongmok_cd + "]" + "가 수정되었습니다.\n", 0);
conn.Close();
        }
    }
}
```

## 8.4 거래종목 삭제

거래종목 설정 그룹박스의 [삭제] 버튼을 더블 클릭하면 새로운 이벤트 메서드가 생성되며 해당 이벤트 메서드에 다음 소스 코드를 입력합니다. 이 코드는 데이터 그리드뷰에 체크한 항목에 한해 해당 데이터를 TB_TRD_JONGMOK 테이블에서 삭제(DELETE)합니다.

```
private void button4_Click(object sender, EventArgs e)
{
    OracleCommand cmd;
    OracleConnection conn;

    string sql;

    string l_jongmok_cd = null;

    foreach (DataGridViewRow Row in dataGridView1.Rows)
    {
        if (Convert.ToBoolean(Row.Cells[check.Name].Value) != true)
        {
            continue;
        }
        if (Convert.ToBoolean(Row.Cells[check.Name].Value) == true)
        {
            l_jongmok_cd = Row.Cells[1].Value.ToString();

            conn = null;
            conn = connect_db();

            cmd = null;
            cmd = new OracleCommand();
            cmd.Connection = conn;
            cmd.CommandType = CommandType.Text;

            sql = null;

            sql = @" DELETE FROM TB_TRD_JONGMOK " +
                    " WHERE JONGMOK_CD = " + "'" + l_jongmok_cd + "'" +
                    " AND USER_ID = " + "'" + g_user_id + "'";

            cmd.CommandText = sql;

            try
```

```
            {
                cmd.ExecuteNonQuery();
            }
            catch (Exception ex)
            {
                write_err_log("DELETE TB_TRD_JONGMOK ex.Message : [" + ex.Message
+ "]\n", 0);
            }
            write_msg_log("종목코드 : ["+ l_jongmok_cd+"]"+"가 삭제되었습니다.\n", 0);
            conn.Close();
        }
    }
}
```

Part 2가 끝났습니다. Part 2에서는 자동매매 시스템을 구축하는 과정을 진행하였습니다. C# 윈폼 프로젝트를 생성하고 UI 화면을 구성하였으며, 자동매매 시스템에서 사용하는 필수 메서드를 구현하였습니다. 또한, 로그인 및 거래종목 설정기능을 구현하였습니다. 이로써 자동매매를 위한 모든 밑그림이 완성되었습니다.

# Part 3

# 자동매매 시스템의 핵심 로직 구현

Part 3에서는 자동매매 시스템의 매매 로직을 구현합니다. 먼저 증권 계좌의 정보를 조회 및 저장하고 매수와 매도내역, 체결내역을 수신하여 저장합니다. 또한, 이러한 정보를 바탕으로 매수와 매도주문을 합니다. 구현이 완료되면 최종 컴파일과 배포 작업을 하고 자동매매 시스템의 실행방법까지 살펴보겠습니다.

# chapter 9

# 자동매매 시스템 로직의 기초

이번 장에서는 자동매매 시스템의 기초가 되는 스레드를 생성하고 소멸하는 방법과 키움증권 Open API의 요청과 응답 방식을 알아보겠습니다.

## 9.1 스레드 생성

자동매매는 윈폼 프로그램이 생성한 스레드에서 이루어집니다. C# 윈폼에서 [자동매매 시작] 버튼을 누르는 순간 새로운 스레드가 생성되어 주식시장 운영시간 중에 가동되며 자동으로 매수와 매도를 합니다. 이 매수와 매도가 실행되는 스레드를 생성해보겠습니다.

1. C# 윈폼에서 [자동매매 시작] 버튼을 더블 클릭합니다.
2. 버튼을 클릭하면 이벤트 메서드가 생성되며 해당 메서드에 있는 소스 코드가 실행됩니다.

```
private void button5_Click(object sender, EventArgs e)
{

}
```

그림 9-1 자동매매 시작 버튼 더블 클릭

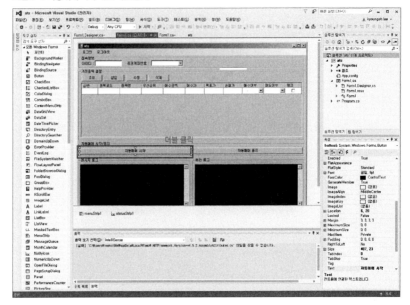

## 3. Form1.cs 파일에 다음 using 문을 추가합니다.

```
using System.Threading; // 스레드 라이브러리 참조
```

## 4. Form1 클래스 영역에 스레드 생성 여부를 관리하는 클래스 변수와 생성된 스 레드 객체를 저장할 클래스 변수를 선언합니다.

```
int g_is_thread = 0; // 0이면 스레드 미생성, 1이면 스레드 생성
Thread thread1 = null; // 생성된 스레드 객체를 담을 변수
```

## 5. [자동매매 시작] 버튼을 클릭할 때 생성된 button5_Click 이벤트 메서드에 다음 코드를 입력합니다.

```
private void button5_Click(object sender, EventArgs e)
{
```

```
    if(g_is_thread == 1) // 스레드가 이미 생성된 상태라면
    {
        write_msg_log("Auto Traidng이 이미 시작되었습니다.\n", 0);
        return; // 이벤트 메서드 종료
    }
    g_is_thread = 1; // 스레드 생성으로 값 설정
    thread1 = new Thread(new ThreadStart(m_thread1)); // 스레드 생성
    thread1.Start(); // 스레드 시작
}
```

[자동매매 시작] 버튼을 클릭해서 button5_Click 이벤트 메서드가 호출되면 m_thread1 스레드가 시작됩니다. 즉, 스레드가 생성되면 'm_thread1'이라는 메서드를 실행되는데, 이 메서드가 바로 신규로 생성된 스레드라고 이해하면 됩니다. m_thread1 메서드는 다음과 같이 구현합니다.

1. 클래스 영역에 다음과 같은 메서드를 정의합니다.

```
public void m_thread1()
{


}
```

2. 여기까지 작성하면 [자동매매 시작] 버튼을 클릭하는 순간 새로운 스레드(m_thread1)가 생성되며 m_thread1 메서드에 구현된 로직을 실행합니다.

3. m_thread1 메서드는 무한 반복하면서 현재시각이 8시 30분 이후라면 자동매매를 위한 준비를 하고 주식시장 운영시간(9시부터 15시 30분까지)에 매수와 매도를 반복합니다. 이때, 무한루프 안에 지연시간이 없다면 프로그램은 엄청난 부하가 발생하므로 적절한 지연을 줍니다. 이렇게 하여 자동매매의 기본 골격을 만듭니다. m_thread1 메서드 내부는 다음과 같이 구현합니다.

```
public void m_thread1()
{
```

```
string l_cur_tm = null;

if (g_is_thread == 0) // 최초 스레드 생성
{
    g_is_thread = 1; // 중복 스레드 생성 방지
    write_msg_log("자동매매가 시작되었습니다.\n", 0);
}

for (;;) // 첫 번째 무한루프 시작
{
    l_cur_tm = get_cur_tm();// 현재시각 조회
    if (l_cur_tm.CompareTo("083001") >= 0) // 8시 30분 이후라면
    {
        // 계좌조회, 계좌정보 조회, 보유종목 매도주문 수행
    }
    if (l_cur_tm.CompareTo("090001") >= 0) // 09시 이후라면
    {
        for (;;) // 두 번째 무한루프 시작
        {
            l_cur_tm = get_cur_tm(); // 현재시각 조회
            if (l_cur_tm.CompareTo("153001") >= 0) // 15시 30분 이후라면
            {
                break; // 두 번째 무한루프를 빠져나감
            }
            // 장 운영시간 중이므로 매수나 매도주문
            delay(200); // 두 번째 무한루프 지연
        }
    }
    delay(200); // 첫 번째 무한루프 지연
}
}
```

---

## 9.2 스레드 종료

자동매매 시스템 구동 중 자동매매를 중지하고 싶다면 C# 원폼의 [자동매매 중지]
버튼을 클릭합니다. [자동매매 중지] 버튼을 클릭하면 구동 중인 스레드가 중지되
어 더는 매매하지 않습니다. 스레드 종료 기능은 다음과 같이 구현합니다.

1. C# 원폼에서 [자동매매 중지] 버튼을 더블 클릭하면 다음과 같은 이벤트 메서드가 자동으로 생성됩니다.

```
private void button6_Click(object sender, EventArgs e)
{

}
```

2. 해당 이벤트 메서드에 다음 소스 코드를 구현합니다.

```
private void button6_Click(object sender, EventArgs e)
{
    write_msg_log("\n자동매매 중지 시작\n", 0);

    try
    {
        thread1.Abort();
    }
    catch (Exception ex)
     {
        write_err_log("자동매매 중지 ex.Message : " + ex.Message + "\n", 0);
    }

    this.Invoke(new MethodInvoker(() =>
    {
        if (thread1 != null)
        {
            thread1.Interrupt();
            thread1 = null;
        }
    }));
    g_is_thread = 0;

    write_msg_log("\n자동매매 중지 완료\n", 0);
}
```

이 소스 코드는 thread1을 중지하여 더는 자동매매가 실행되지 않게 합니다. 또한, g_is_thread 변수의 값을 0으로 설정하여 [자동매매 시작] 버튼 클릭 시 다시 자동매매가 시작되게 합니다.

## 9.3 　Open API 요청과 응답 방식

Open API에서 특정 데이터를 수신하려면 수신 요청을 해야 합니다. 요청된 데이터는 Open API에서 특정 이벤트 메서드를 통해 응답받게 됩니다. 즉, Open API에 데이터 수신 요청을 하면 미리 정의한 데이터 수신 메서드에서 수신 응답을 받게 됩니다. [그림 9-2]는 Open API의 데이터 요청과 수신 방식을 보여줍니다.

그림 9-2 Open API 요청과 응답 방식

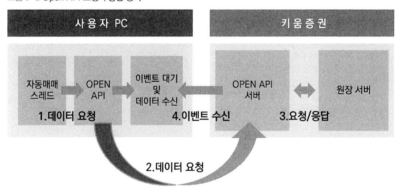

이번에는 Open API의 데이터 수신 요청과 응답을 위한 이벤트 메서드를 선언하고 정의해보겠습니다. 여기서 Form1 클래스와 동일한 이름의 Form1 메서드는 Form1 클래스의 생성자입니다. 생성자는 Form1 클래스가 인스턴스화(C# 원폼이 실행) 될 때 가장 먼저 실행됩니다. 생성자인 Form1 메서드에 Open API 데이터 수신 요청에 대한 응답을 받는 대기 이벤트 메서드를 선언합니다. Form1 메서드의 코드는 다음과 같습니다.

---

```
public Form1()
{
    InitializeComponent();
    this.axKHOpenAPI1.OnReceiveTrData += new AxKHOpenAPILib._
DKHOpenAPIEvents_OnReceiveTrDataEventHandler(this.axKHOpenAPI1_
OnReceiveTrData);
    this.axKHOpenAPI1.OnReceiveMsg += new AxKHOpenAPILib._DKHOpenAPIEvents_
OnReceiveMsgEventHandler(this.axKHOpenAPI1_OnReceiveMsg);
```

```
    this.axKHOpenAPI1.OnReceiveChejanData += new AxKHOpenAPILib._
DKHOpenAPIEvents_OnReceiveChejanDataEventHandler(this.axKHOpenAPI1_
OnReceiveChejanData);
}
```

앞의 코드에서 사용한 이벤트 메서드들은 다음과 같습니다.

표 9-1 Open API 노트

| 이벤트명 | 설명 | 이벤트 메서드명 |
|---|---|---|
| OnReceiveTrData | Open API로 투자정보를 요청할 때 데이터 수신 요청에 대한 응답을 받는 이벤트 메서드입니다(현재가, 최우선매수호가, 추정자산, 매입금액 등). | axKHOpenAPI1_ OnReceiveTrData |
| OnReceiveMsg | Open API로 주식주문을 요청할 때 해당 주식 주문의 응답을 수신하는 이벤트 메서드입니다(매수주문, 매도주문 등의 응답). | axKHOpenAPI1_ OnReceiveMsg |
| OnReceiveChejanData | Open API로 주식주문을 요청한 후 주문내역과 체결내역 데이터를 수신하는 이벤트 메서드입니다(주문내역, 잔고내역, 체결내역 등). | axKHOpenAPI1_ OnReceiveChejanData |

클래스 영역에 OnReceiveTrData, OnReceiveMsg, OnReceiveChejanData 이벤트 메서드를 정의합니다.

```
private void axKHOpenAPI1_OnReceiveTrData(object sender, AxKHOpenAPILib._
DKHOpenAPIEvents_OnReceiveTrDataEvent e)
{

}

private void axKHOpenAPI1_OnReceiveMsg(object sender, AxKHOpenAPILib._
DKHOpenAPIEvents_OnReceiveMsgEvent e)
{

}

private void axKHOpenAPI1_OnReceiveChejanData(object sender, AxKHOpenAPILib._
DKHOpenAPIEvents_OnReceiveChejanDataEvent e)
{

}
```

# chapter 10

# 계좌 조회

우리나라 주식시장은 9시 00분에 개장하여 15시 30분에 종료됩니다. 자동매매 시스템은 주식시장이 개장하기 30분 전인 8시 30분부터 자동매매를 위한 준비를 시작하고 사용자가 지정한 증권계좌의 매수가능금액을 구하여 TB_ACCNT (계좌) 테이블에 저장합니다. 이번 장에서는 계좌를 조회하여 매수가능금액을 TB_ACCNT 테이블에 저장하는 부분을 구현합니다.

## 10.1 매수가능금액 데이터 수신 요청

매수가능금액 데이터의 수신을 요청하고 응답받는 set_tb_accnt 메서드를 생성하고 set_tb_accnt 메서드를 m_thread1에서 호출하도록 구현해보겠습니다.

1. 매수가능금액 데이터의 수신을 요청하고 수신 요청이 정상적으로 응답되는지 확인하는 클래스 변수를 Form1 클래스에 선언합니다.

```
int g_flag_1 = 0; // 1이면 요청에 대한 응답 완료
```

2. Open API에 데이터 수신을 요청할 때 전달할 요청명을 저장할 클래스 변수를 Form1 클래스에 선언합니다.

```
string g_rqname = null;
```

3. 매수가능금액 데이터의 수신을 요청한 후 정상적인 응답을 받아 가져온 매수
   가능금액을 저장할 클래스 변수를 Form1 클래스에 선언합니다.

---

```
int g_ord_amt_possible = 0; // 총매수가능금액
```

---

4. Form1 클래스에 set_tb_accnt 메서드를 정의하고 구현합니다. set_tb_
   accnt 메서드는 Open API의 SetInputValue 함수를 이용하여 입력값을 설
   정하고 CommRqData 함수를 호출하여 매수가능금액을 요청합니다. 매수가능
   금액 수신 요청에 대한 응답이 들어오면 DisconnectRealData 함수를 호출
   하여 사용한 요청번호를 해제합니다.

---

```
public void set_tb_accnt() // 계좌 테이블 세팅 메서드
{
    int l_for_cnt = 0;
    int l_for_flag = 0;

    write_msg_log("TB_ACCNT 테이블 세팅 시작\n", 0);

    g_ord_amt_possible = 0; // 매수가능금액

    l_for_flag = 0;
    for (;;)
    {
        axKHOpenAPI1.SetInputValue("계좌번호", g_accnt_no);
        axKHOpenAPI1.SetInputValue("비밀번호", "");

        g_rqname = "";
        g_rqname = "증거금세부내역조회요청"; // 요청명 정의
        g_flag_1 = 0; // 요청 중

        String l_scr_no = null; // 화면번호를 담을 변수 선언
        l_scr_no = "";
        l_scr_no = get_scr_no(); // 화면번호 채번
        axKHOpenAPI1.CommRqData("증거금세부내역조회요청", "opw00013", 0, l_scr_no);
// Open API로 데이터 요청

        l_for_cnt = 0;
        for (;;) // 요청 후 대기 시작
        {
```

```
                if (g_flag_1 == 1) // 요청에 대한 응답이 완료되면 루프를 빠져나옴
                {
                    delay(1000);
                    axKHOpenAPI1.DisconnectRealData(l_scr_no);
                    l_for_flag = 1;
                    break;
                }
                else // 아직 요청에 대한 응답이 오지 않은 경우
                {
                    write_msg_log("'증거금세부내역조회요청' 완료 대기 중...\n", 0);
                    delay(1000);
                    l_for_cnt++;
                    if (l_for_cnt == 1) // 한 번이라도 실패하면 무한루프를 빠져나감(증권계
좌 비밀번호 오류 방지)
                    {
                        l_for_flag = 0;
                        break;
                    }
                    else
                    {
                        continue;
                    }
                }
            }
            axKHOpenAPI1.DisconnectRealData(l_scr_no); // 화면번호 접속해제
            if (l_for_flag == 1) // 요청에 대한 응답을 받았으므로 무한루프에서 빠져나옴
            {
                break;
            }
            else if (l_for_flag == 0) // 요청에 대한 응답을 받지 못해도 비밀번호 5회 오류
방지를 위해 무한루프에서 빠져나옴
            {
                delay(1000);
                break; // 비밀번호 5회 오류 방지
            }
            delay(1000);
    }
    write_msg_log("주문가능금액 : [" + g_ord_amt_possible.ToString() + "]\n", 0);
}
```

앞의 코드에서 사용한 함수는 다음과 같습니다.

표 10-1 Open API 노트

| 함수명 | 설명 | 입력값(데이터 타입) | 출력값(데이터 타입) |
|---|---|---|---|
| SetInputValue | 데이터 수신 요청의 입력값을 서버 통신 전에 입력합니다. | 아이템명(문자열) 입력값(문자열) | 없음 |
| CommRqData | 데이터 수신 요청을 Open API서버로 송신합니다. | 요청명(문자열) 요청코드(문자열) 연속조회구분(정수형) 화면번호(문자열) | 요청처리결과(정수형) 200: 통신불가 201: 구조체생성실패 202: 요청전문작성실패 0: 정상 |
| DisconnectRealData | 데이터 수신 요청을 종료합니다. | 화면번호(문자열) | 없음 |

5. Form1 클래스에 구현한 set_tb_accnt 메서드를 m_thread1에서 호출합니다. set_tb_accnt 메서드를 m_thread1에서 한 번만 호출하기 위해 m_thread1 메서드에 플래그 변수를 선언합니다.

6. m_thread1 메서드 중 주식시장 개장 시간 30분 전인 8시 30분 이후 실행되는 부분에서 set_tb_accnt 메서드를 호출합니다.

m_thread1에서 set_tb_accnt 메서드 호출

```
public void m_thread1() // 스레드 메서드
{
    string l_cur_tm = null;
    int l_set_tb_accnt_flag = 0; // 1이면 호출 완료      변수 선언

    if (g_is_thread == 0) // 최초 스레드 생성
    {
        g_is_thread = 1; // 중복 스레드 생성방지
        write_msg_log("자동매매가 시작되었습니다.\n", 0);
    }

    for (;;) // 첫 번째 무한루프 시작
    {
        l_cur_tm = get_cur_tm();// 현재시각 조회
        if (l_cur_tm.CompareTo("083001") >= 0) // 8시 30분 이후라면 테스트용 시간:
000000, 장 운영시간: 083001
```

```
{
    // 계좌 조회, 계좌정보 조회, 보유종목 매도주문 수행
    if (l_set_tb_accnt_flag == 0) // 호출 전
    {
        l_set_tb_accnt_flag = 1; // 호출로 설정
        set_tb_accnt(); // 호출
    }                              set_tb_accnt 메서드 호출
}
```

## 10.2 매수가능금액 데이터 수신 응답

Open API로 매수가능금액을 요청하면 자동매매 시스템은 해당 요청에 대한 응답을 기다립니다. 정상적으로 응답이 오면 매수가능금액을 미리 선언한 클래스 변수 g_ord_amt_possible에 저장합니다.

9장에서 데이터 수신 요청에 대한 응답을 받는 이벤트 메서드를 선언하고 정의하였는데, 이 중에서 매수가능금액 데이터는 axKHOpenAPI1_OnReceiveTrData 이벤트 메서드로 수신하게 됩니다. 이번에는 해당 이벤트 메서드 내부를 구현하여 매수가능금액을 g_ord_amt_possible 변수에 저장하도록 하겠습니다. axKH OpenAPI1_OnReceiveTrData 이벤트 메서드는 다음과 같이 구현합니다.

1. C# 원폼에서 요청한 요청명과 Open API 서버에서 응답을 준 요청명이 같은지 비교하고, 같다면 Open API의 CommGetData 함수를 호출하여 주문가능금액을 가져옵니다.

2. 주문가능금액 가져오기가 완료되면 DisconnectRealData 함수를 호출하여 해당 요청을 종료합니다.

---

```
private void axKHOpenAPI1_OnReceiveTrData(object sender, AxKHOpenAPILib._
DKHOpenAPIEvents_OnReceiveTrDataEvent e) // Open API 요청에 대한 응답 이벤트 메서드
{
    if (g_rqname.CompareTo(e.sRQName) == 0) // 요청한 요청명과 Open API로부터 응답
받은 요청명이 같다면
```

```
        {
            ; // 다음으로 진행
        }
        else // 요청한 요청명과 Open API로부터 응답받은 요청명이 같지 않다면
        {
            write_err_log("요청한 TR  : [" + g_rqname + "]\n", 0);
            write_err_log("응답받은 TR : [" + e.sRQName + "]\n", 0);

            switch (g_rqname)
            {
                case "증거금세부내역조회요청":
                        g_flag_1 = 1; // g_flag_1을 1로 설정하여 요청하는 쪽에서 무한루프에 빠
지지 않게 방지
                        break;

                default: break;
            }
            return;
        }

        if (e.sRQName == "증거금세부내역조회요청") // 응답받은 요청명이 '증거금세부내역조회요
청'이라면
        {
            g_ord_amt_possible = int.Parse(axKHOpenAPI1.CommGetData(e.sTrCode, "",
e.sRQName, 0, "100주문가능금액").Trim()); // 주문가능금액을 저장
            axKHOpenAPI1.DisconnectRealData(e.sScrNo);
            g_flag_1 = 1;
        }
} //axKHOpenAPI1_OnReceiveTrData 메서드 종료
```

앞의 코드에서 사용한 함수는 다음과 같습니다.

표 10-2 Open API 노트

| 함수명 | 설명 | 입력값(데이터 타입) | 출력값(데이터 타입) |
|---|---|---|---|
| CommGetData | 데이터 수신 요청에 따른 응답 데이터를 반환한다. | 요청코드(문자열)<br>실시간구분(문자열)<br>요청명(문자열)<br>반복인덱스(정수형)<br>필드명(문자열) | 요청데이터(문자열) |

## 10.3 매수가능금액을 계좌 테이블에 저장하기

매수가능금액 데이터의 수신 요청과 응답이 완료되면 매수가능금액을 TB_
ACCNT(계좌) 테이블에 저장해야 합니다. 해당 테이블을 설정하는 merge_tb_
accnt 메서드를 구현한 후 set_tb_accnt 테이블에서 호출해보겠습니다.

1. 먼저 merge_tb_accnt 메서드를 구현합니다. 해당 메서드는 매수가능금액을
   인자 값으로 입력받아 TB_ACCNT 테이블을 병합(MERGE)합니다. 병합은 해당 테
   이블에 USER_ID, ACCNT_NO, REF_DT 컬럼을 기준으로 데이터가 이미 존재한
   다면 해당 로우의 ORD_POSSIBLE_AMT(매수가능금액) 컬럼을 갱신(UPDATE)하고
   존재하지 않으면 해당 테이블에 신규 데이터를 삽입(INSERT)합니다.

```
public void merge_tb_accnt(int g_ord_amt_possible) // 계좌정보 테이블 세팅 메서드
{
    OracleCommand cmd = null;
    OracleConnection conn = null;
    String l_sql = null;

    l_sql = null;
    cmd = null;
    conn = null;
    conn = connect_db();

    if (conn != null)
    {
        cmd = new OracleCommand();
        cmd.Connection = conn;
        cmd.CommandType = CommandType.Text;

        // 계좌정보 테이블 세팅
        l_sql = @"merge into tb_accnt a
                    using (
                        select nvl(max(user_id), ' ') user_id, nvl(max(accnt_
no), ' ') accnt_no, nvl(max(ref_dt), ' ') ref_dt " +
                        " from tb_accnt " +
                        " where user_id = '" + g_user_id + "'" +
                        "and accnt_no = " + "'" + g_accnt_no + "'" +
                        "and ref_dt = to_char(sysdate, 'yyyymmdd') " +
```

```
                            " ) b " +
                            " on ( a.user_id = b.user_id and a.accnt_no = b.accnt_no
and a.ref_dt = b.ref_dt) " +
                            " when matched then update   " +
                            " set ord_possible_amt = " + g_ord_amt_possible + "," +
                            " updt_dtm = SYSDATE" + "," +
                            " updt_id = 'ats'" +
                            " when not matched then insert (a.user_id, a.accnt_no,
a.ref_dt, a.ord_possible_amt, a.inst_dtm, a.inst_id) values ( " +
                                                    "'" + g_user_id + "'" + "," +
                                                    "'" + g_accnt_no + "'" + "," +
                                                    " to_char(sysdate,
'yyyymmdd') " + "," +

                                                    +g_ord_amt_possible + "," +
                                                    "SYSDATE, " +
                                                    "'ats'" +
                            " )";
            cmd.CommandText = l_sql;

            try
            {
                cmd.ExecuteNonQuery();
            }
            catch (Exception ex)
            {
                write_err_log("merge_tb_accnt() ex : [" + ex.Message + "]\n", 0);
            }
            finally
            {
                conn.Close();
            }
        }
        else
        {
            write_msg_log("db connection check!\n", 0);
        }
}
```

2. set_tb_accnt 메서드에서 merge_tb_accnt 메서드를 호출하여 TB_ACCNT
   테이블을 설정합니다.

```
axKHOpenAPI1.DisconnectRealData(l_scr_no); // 화면번호 접속해제
    if (l_for_flag == 1) // 요청에 대한 응답을 받았으므로 무한루프에서 빠져나옴
    {
    break;
    }
    else if (l_for_flag == 0) // 요청에 대한 응답을 받지 못해도 비밀번호 5회 오류방지
를 위해 무한루프에서 빠져나옴
    {
        delay(1000);
        break; // 비밀번호 5회 오류방지
    }
        delay(1000);
    }

    write_msg_log("매수가능금액 : [" + g_ord_amt_possible.ToString() + "]\n", 0);

    merge_tb_accnt(g_ord_amt_possible);

} // set_tb_accnt() 종료
```

# chapter 11

# 계좌정보 조회

이번 장에서는 사용자가 선택한 증권계좌의 계좌정보를 Open API로 데이터의 수신 요청과 응답을 받아 TB_ACCNT_INFO(계좌정보) 테이블에 저장하는 부분을 구현합니다. TB_ACCNT_INFO 테이블은 키움증권ID, 증권계좌번호, 기준일자를 기준으로 현재 보유한 주식의 종목코드, 종목명, 매수가, 보유주식수, 보유금액을 저장하는 테이블입니다. TB_ACCNT_INFO 테이블은 자동으로 주식을 매매하는 데 매우 중요한 기준이 됩니다.

## 11.1 계좌정보 데이터 수신 요청

계좌정보 데이터의 수신을 요청하는 set_tb_accnt_info 메서드를 구현하고 해당 메서드를 m_thread1 내에서 호출하겠습니다.

1. 계좌정보 데이터의 수신을 요청한 후 정상적으로 응답되었는지 확인할 수 있는 g_flag_2 변수를 Form1 클래스에 선언합니다.

---

```
int g_flag_2 = 0; // 1이면 요청에 대한 응답 완료
```

---

2. 계좌정보 데이터의 수신을 요청한 증권계좌번호의 보유주식 종목수가 51개라고 가정할 때 첫 번째 데이터의 수신 요청에서 50개를 가져오고, 두 번째 호출 시에는 1개를 가져옵니다. 즉, 한 번의 호출로 가져올 수 있는 주식 종목수는 최대 50개이므로 연속조회 요청이 필요합니다. 따라서 현재 데이터의 수신

요청 다음에도 조회할 데이터가 존재하는지 판단하는 플래그 변수가 필요합니다. 이를 위해 Form1 클래스 내에 g_is_next 변수를 선언합니다.

```
int g_is_next = 0; // 다음 조회 데이터가 있는지 확인
```

3. Form1 클래스에 set_tb_accnt_info 메서드를 구현합니다. 해당 메서드는 TB_ACCNT_INFO 테이블을 삭제한 후 Open API의 SetInputValue 함수를 이용하여 입력값을 설정하고 CommRqData 함수를 호출하여 계좌정보를 요청합니다. 계좌정보 데이터의 수신 요청과 응답이 완료되면 Disconnect RealData 함수를 호출하여 해당 요청을 종료합니다.

```
public void set_tb_accnt_info() // 계좌정보 테이블 설정
{
    OracleCommand cmd;
    OracleConnection conn;
    String sql;
    int l_for_cnt = 0;
    int l_for_flag = 0;

    sql = null;
    cmd = null;

    conn = null;
    conn = connect_db();

    cmd = new OracleCommand();
    cmd.Connection = conn;
    cmd.CommandType = CommandType.Text;

    sql = @"delete from tb_accnt_info where ref_dt = to_char(sysdate,
'yyyymmdd') and user_id = " + "'" + g_user_id + "'"; // 당일 기준 계좌정보 삭제

    cmd.CommandText = sql;

    try
    {
        cmd.ExecuteNonQuery();
    }
    catch (Exception ex)
    {
        write_err_log("delete tb_accnt_info ex.Message : [" + ex.Message + "]\n", 0);
```

```
        }
    conn.Close();

    g_is_next = 0;

    for (;;)
    {
        l_for_flag = 0;
        for (;;)
        {
            axKHOpenAPI1.SetInputValue("계좌번호", g_accnt_no);
            axKHOpenAPI1.SetInputValue("비밀번호", "");
            axKHOpenAPI1.SetInputValue("상장폐지조회구분", "1");
            axKHOpenAPI1.SetInputValue("비밀번호입력매체구분", "00");

            g_flag_2 = 0;
            g_rqname = "계좌평가현황요청";

            String l_scr_no = get_scr_no();

            // 계좌정보 데이터 수신 요청
            axKHOpenAPI1.CommRqData("계좌평가현황요청", "OPW00004", g_is_next, l_
scr_no); // axKHOpenAPI_OnReceiveTrData 호출

            l_for_cnt = 0;
            for (;;)
            {
                if (g_flag_2 == 1)
                {
                    delay(1000);
                    axKHOpenAPI1.DisconnectRealData(l_scr_no);
                    l_for_flag = 1;

                    break;
                }
                else
                {
                    delay(1000);
                    l_for_cnt++;
                    if (l_for_cnt == 5)
                    {
                        l_for_flag = 0;
                        break;
                    }
                    else
                    {
                        continue;
                    }
```

```
            }
        }
        delay(1000);
        axKHOpenAPI1.DisconnectRealData(l_scr_no);

        if (l_for_flag == 1)
        {
            break;
        }
        else if (l_for_flag == 0)
        {
            delay(1000);
            continue;
        }
    }
    if (g_is_next == 0)
    {
        break;
    }
    delay(1000);
    }
}
```

4. Form1 클래스에 구현한 set_tb_accnt_info 메서드를 m_thread1 메서드
   에서 호출하는데, m_thread1에서 한 번만 호출하도록 m_thread1 메서드에
   플래그 변수를 선언합니다.

5. m_thread1 메서드 중 주식시장 개장 시간 30분 전인 8시 30분 이후에 실행
   되는 부분에서 set_tb_accnt 메서드를 호출한 후에 set_tb_accnt_info
   메서드를 호출합니다.

m_thread1에서 set_tb_accnt_info 메서드 호출

```
public void m_thread1() // 스레드 메서드
{
    string l_cur_tm = null;

    int l_set_tb_accnt_flag = 0; // 1이면 호출 완료
    int l_set_tb_accnt_info_flag = 0; // 1이면 호출 완료     플래그 변수 선언
```

```
    if (g_is_thread == 0) // 최초 스레드 생성
    {
        g_is_thread = 1; // 중복 스레드 생성방지
        write_msg_log("자동매매가 시작되었습니다.\n", 0);
    }

    for (;;) // 첫 번째 무한루프 시작
    {
        l_cur_tm = get_cur_tm(); // 현재시각 조회
        if (l_cur_tm.CompareTo("083001") >= 0) // 8시 30분 이후면 테스트용시간:
000000 장운영시간: 083001
        {
            // 계좌조회, 계좌정보 조회, 보유종목 매도주문 수행
            if (l_set_tb_accnt_flag == 0) // 호출 전
            {
                l_set_tb_accnt_flag = 1; // 호출로 설정
                set_tb_accnt(); // 호출
            }
            ┌─────────────────────────────────────────────────────┐
            │ if (l_set_tb_accnt_info_flag == 0)                  │
            │ {                                                    │
            │     set_tb_accnt_info(); // 계좌정보 테이블 설정      │
            │     l_set_tb_accnt_info_flag = 1;                   │
            │ }                            set_tb_accnt_info 메서드 호출 │
            └─────────────────────────────────────────────────────┘
    }
```

## 11.2 계좌정보 데이터 수신 응답

Open API로 계좌정보를 요청하면 자동매매 시스템은 해당 요청에 대한 응답을 기다리다가 정상적으로 응답받은 데이터를 TB_ACCNT_INFO(계좌정보) 테이블에 저장합니다. 9장에서 데이터 수신 요청에 대한 응답을 받는 이벤트 메서드를 선언하였는데, 이때 선언한 axKHOpenAPI1_OnReceiveTrData 이벤트 메서드를 통해 계좌정보 데이터를 수신하게 됩니다. 이번에는 axKHOpenAPI1_OnReceiveTrData 이벤트 메서드 내부를 구현하여 TB_ACCNT_INFO 테이블에 계좌정보를 저장하게 해보겠습니다.

1. axKHOpenAPI1_OnReceiveTrData 이벤트 메서드의 예외 처리 부분에 있는 switch 문에 다음 case를 추가합니다.

---

```
case "계좌평가현황요청":
    g_flag_2 = 1; // g_flag_2을 1로 설정하여 요청하는 쪽에서 무한루프에 빠지지 않게 함
    break;
```

---

2. axKHOpenAPI1_OnReceiveTrData 이벤트 메서드의 아랫부분에 계좌정보 데이터의 수신 요청에 대한 응답코드를 구현합니다. '계좌평가현황요청'이라는 응답을 받으면 GetRepeatCnt 함수를 호출하여 증권계좌의 보유종목수를 구한 후 종목수만큼 반복하면서 CommGetData 함수를 통해 계좌정보를 가져옵니다. 모든 계좌정보 데이터의 수신 응답이 종료되면 DisconnectRealData 함수를 호출하여 해당 요청을 종료합니다.

---

```
if (e.sRQName == "계좌평가현황요청") // 응답받은 요청명이 '계좌평가현황요청'이라면
{
    int repeat_cnt = 0;
    int ii = 0;

    String user_id = null;
    String jongmok_cd = null;
    String jongmok_nm = null;

    int own_stock_cnt = 0;
    int buy_price = 0;
    int own_amt = 0;

    repeat_cnt = axKHOpenAPI1.GetRepeatCnt(e.sTrCode, e.sRQName); // 보유종목수
가져오기

    write_msg_log("TB_ACCNT_INFO 테이블 설정 시작\n", 0);
    write_msg_log("보유종목수 : " + repeat_cnt.ToString() + "\n", 0);

    for (ii = 0; ii < repeat_cnt; ii++)
    {
        user_id = "";
        jongmok_cd = "";
        own_stock_cnt = 0;
        buy_price = 0;
```

---

```
        own_amt = 0;

        user_id = g_user_id;
        jongmok_cd = axKHOpenAPI1.CommGetData(e.sTrCode, "", e.sRQName, ii, "종
목코드").Trim().Substring(1, 6);
        jongmok_nm = axKHOpenAPI1.CommGetData(e.sTrCode, "", e.sRQName, ii, "종
목명").Trim();
        own_stock_cnt = int.Parse(axKHOpenAPI1.CommGetData(e.sTrCode, "",
e.sRQName, ii, "보유수량").Trim());
        buy_price = int.Parse(axKHOpenAPI1.CommGetData(e.sTrCode, "", e.sRQName,
ii, "평균단가").Trim());
        own_amt = int.Parse(axKHOpenAPI1.CommGetData(e.sTrCode, "", e.sRQName,
ii, "매입금액").Trim());

        write_msg_log("종목코드 : " + jongmok_cd + "\n", 0);
        write_msg_log("종목명 : " + jongmok_nm + "\n", 0);
        write_msg_log("보유주식수 : " + own_stock_cnt.ToString() + "\n", 0);

        if (own_stock_cnt == 0) // 보유주식수가 0이라면 저장하지 않음
        {
            continue;
        }
    }

    write_msg_log("TB_ACCNT_INFO 테이블 설정 완료\n", 0);
    axKHOpenAPI1.DisconnectRealData(e.sScrNo);

    if (e.sPrevNext.Length == 0)
    {
        g_is_next = 0;
    }
    else
    {
        g_is_next = int.Parse(e.sPrevNext);
    }
    g_flag_2 = 1;
}
```

앞의 코드에서 사용한 함수는 다음과 같습니다.

표 11-1 Open API 노트

| 함수명 | 설명 | 입력값(데이터 타입) | 출력값(데이터 타입) |
|--------|------|---------------------|---------------------|
| GetRepeatCnt | 데이터 레코드의 개수를 반환한다. | 요청코드(문자열) 요청명(문자열) | 레코드개수(정수형) |

## 11.3 계좌정보 테이블 설정

계좌정보 데이터의 수신을 요청한 후 정상적으로 응답을 받으면 응답받은 데이터를 TB_ACCNT_INFO(계좌정보) 테이블에 저장합니다. 이는 insert_tb_accnt_info 메서드를 구현한 후 해당 메서드를 axKHOpenAPI1_OnReceiveTrData 메서드에서 호출하면 됩니다.

1. insert_tb_accnt_info 메서드를 Form1 클래스에 구현합니다. 이 메서드는 인자값으로 입력받은 계좌정보의 값을 TB_ACCNT_INFO 테이블에 삽입(INSERT)하는 작업을 합니다.

```
public void insert_tb_accnt_info(string i_jongmok_cd, string i_jongmok_nm, int
i_buy_price, int i_own_stock_cnt, int i_own_amt) // 계좌정보 테이블 삽입
{
    OracleCommand cmd = null;
    OracleConnection conn = null;
    String l_sql = null;

    l_sql = null;
    cmd = null;
    conn = null;
    conn = connect_db();

    cmd = new OracleCommand();
    cmd.Connection = conn;
    cmd.CommandType = CommandType.Text;

    // 계좌정보 테이블 삽입
    l_sql = @" insert into tb_accnt_info values ( " +
            "'" + g_user_id + "'" + "," +
            "'" + g_accnt_no + "'" + "," +
            "to_char(sysdate, 'yyyymmdd')" + "," +
            "'" + i_jongmok_cd + "'" + "," +
            "'" + i_jongmok_nm + "'" + "," +
            +i_buy_price + "," +
            +i_own_stock_cnt + "," +
            +i_own_amt + "," +
            "'ats'" + "," +
            "SYSDATE" + "," +
            "null" + "," +
            "null" + ") ";
```

```
    cmd.CommandText = l_sql;

    try
    {
        cmd.ExecuteNonQuery();
    }
    catch (Exception ex)
    {
        write_err_log("insert tb_accnt_info() insert tb_accnt_info ex.Message :
[" + ex.Message + "]\n", 0);
    }
    conn.Close();
}
```

2. axKHOpenAPI1_OnReceiveTrData 메서드에 '계좌평가현황요청' 응답이 들
   어오면 보유종목수만큼 보유종목에 대한 정보가 수신됩니다. 즉, 보유종목의
   종목코드, 종목명, 보유주식수, 평균단가, 매입금액에 대한 정보를 수신받아 각
   변수에 해당 정보를 저장하고, insert_tb_accnt_info 메서드에 해당 정보
   를 담은 변수를 인자로 주어 호출합니다. 그러면 insert_tb_accnt_info 메
   서드는 TB_ACCNT_INFO 테이블에 해당 정보를 삽입합니다.

**insert_tb_accnt_info 메서드 호출**

```
if (e.sRQName == "계좌평가현황요청") // 응답받은 요청명이 '계좌평가현황요청'이라면
{
    int repeat_cnt = 0;
    int ii = 0;

    String user_id = null;
    String jongmok_cd = null;
    String jongmok_nm = null;

    int own_stock_cnt = 0;
    int buy_price = 0;
    int own_amt = 0;

    repeat_cnt = axKHOpenAPI1.GetRepeatCnt(e.sTrCode, e.sRQName); // 보유종목수
가져오기

    write_msg_log("TB_ACCNT_INFO 테이블 설정 시작\n", 0);
    write_msg_log("보유종목수 : " + repeat_cnt.ToString() + "\n", 0);
```

```
    for (ii = 0; ii < repeat_cnt; ii++)
    {
        user_id = "";
        jongmok_cd = "";
        own_stock_cnt = 0;
        buy_price = 0;
        own_amt = 0;

        user_id = g_user_id;
        jongmok_cd = axKHOpenAPI1.CommGetData(e.sTrCode, "", e.sRQName, ii, "종
목코드").Trim().Substring(1, 6);
        jongmok_nm = axKHOpenAPI1.CommGetData(e.sTrCode, "", e.sRQName, ii, "종
목명").Trim();
        own_stock_cnt = int.Parse(axKHOpenAPI1.CommGetData(e.sTrCode, "",
e.sRQName, ii, "보유수량").Trim());
        buy_price = int.Parse(axKHOpenAPI1.CommGetData(e.sTrCode, "", e.sRQName,
ii, "평균단가").Trim());
        own_amt = int.Parse(axKHOpenAPI1.CommGetData(e.sTrCode, "", e.sRQName,
ii, "매입금액").Trim());

        write_msg_log("종목코드 : " + jongmok_cd + "\n", 0);
        write_msg_log("종목명 : " + jongmok_nm + "\n", 0);
        write_msg_log("보유주식수 : " + own_stock_cnt.ToString() + "\n", 0);

        if (own_stock_cnt == 0) // 보유주식수가 0이라면 저장하지 않음
        {
            continue;
        }
```

```
        insert_tb_accnt_info(jongmok_cd, jongmok_nm, buy_price, own_stock_cnt,
own_amt); // 계좌정보 테이블에 저장              insert_tb_accnt_info 메서드 호출
```

```
    write_msg_log("TB_ACCNT_INFO 테이블 설정 완료\n", 0);

    axKHOpenAPI1.DisconnectRealData(e.sScrNo);

    if (e.sPrevNext.Length == 0)
    {
        g_is_next = 0;
    }
    else
    {
        g_is_next = int.Parse(e.sPrevNext);
    }
    g_flag_2 = 1;
}
```

# chapter 12

# 주식 주문과 체결 실시간 응답

10장과 11장에서 계좌내역과 계좌정보 데이터를 수신 요청하여 응답을 받고 해당 정보를 TB_ACCNT(계좌) 테이블과 TB_ACCNT_INFO(계좌정보) 테이블에 저장하였습니다. 이번 장에서는 주식의 주문내역과 주문이 체결되면 발생하는 체결내역, 계좌정보 내역을 실시간으로 수신하여 데이터베이스에 저장하는 부분을 구현하겠습니다.

주식의 주문내역은 TB_ORD_LST(주문내역) 테이블에 삽입하고 그에 따른 체결내역은 TB_CHEGYUL_LST(체결내역)에 삽입하며, 계좌정보 내역은 TB_ACCNT_INFO(계좌정보) 테이블에 갱신 또는 삽입하게 됩니다. 주문 응답정보는 9장에서 정의한 axKHOpenAPI1_OnReceiveMsg 메서드로 수신하고, 주문내역과 체결내역, 계좌정보 내역은 axKHOpenAPI1_OnReceiveChejanData 메서드로 수신하게 됩니다.

[그림 12-1]은 주식 주문과 체결의 실시간 응답 구성을 보여줍니다. C# 윈폼 프로그램으로 주식을 주문하면 Open API가 키움증권의 Open API 서버로 주문 요청을 하고, Open API 서버가 주문한 후 그에 대한 응답을 C# 윈폼의 이벤트 대기 메서드로 송신하게 됩니다. 그리고 이 이벤트 대기 메서드를 통해 수신받은 데이터를 처리하면 주식 주문과 체결내역 응답이 완료됩니다.

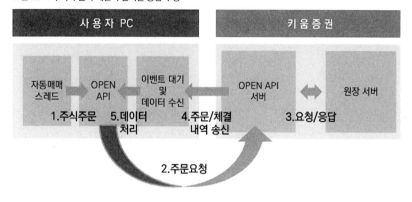

그림 12-1 주식 주문과 체결의 실시간 응답 구성

## 12.1 주문 응답정보 수신과 로그 출력

주식을 주문하면 axKHOpenAPI1_OnReceiveMsg 이벤트 메서드를 통해 주문 응답이 수신됩니다. 이 주문 응답을 수신 처리하려면 플래그 변수를 Form1 클래스에 선언하고, 이벤트 메서드에서 플래그 변수에 주문 응답의 수신 여부를 저장해야 합니다.

Form1 클래스에 주식의 매수주문, 매도주문, 매도취소주문에 대한 플래그 변수를 선언합니다. 주식 주문을 요청할 때 플래그 변수를 0으로 설정하고, 해당 변수가 1로 바뀌면 주식 주문이 성공한 것으로 판단합니다.

```
int g_flag_3 = 0; // 매수주문 응답 플래그
int g_flag_4 = 0; // 매도주문 응답 플래그
int g_flag_5 = 0; // 매도취소주문 응답 플래그
```

다음으로 axKHOpenAPI1_OnReceiveMsg 이벤트 메서드의 내용을 구현합니다. 매수주문, 매도주문, 매도취소주문에 대한 메시지 로그를 기록하고 플래그 변수를 1로 설정합니다.

```
private void axKHOpenAPI1_OnReceiveMsg(object sender, AxKHOpenAPILib._
DKHOpenAPIEvents_OnReceiveMsgEvent e) // Open API 주문 응답 이벤트 메서드
{
    if (e.sRQName == "매수주문")
    {
        write_msg_log("\n========매수주문 원장 응답정보 출력 시작========\n", 0);
        write_msg_log("sScrNo : [" + e.sScrNo + "]" + "\n", 0);
        write_msg_log("sRQName : [" + e.sRQName + "]" + "\n", 0);
        write_msg_log("sTrCode : [" + e.sTrCode + "]" + "\n", 0);
        write_msg_log("sMsg : [" + e.sMsg + "]" + "\n", 0);
        write_msg_log("========매수주문 원장 응답정보 출력 종료========\n", 0);
        g_flag_3 = 1; // 매수주문 응답완료 설정
    }

    if (e.sRQName == "매도주문")
    {
        write_msg_log("\n========매도주문 원장 응답정보 출력 시작========\n", 0);
        write_msg_log("sScrNo : [" + e.sScrNo + "]" + "\n", 0);
        write_msg_log("sRQName : [" + e.sRQName + "]" + "\n", 0);
        write_msg_log("sTrCode : [" + e.sTrCode + "]" + "\n", 0);
        write_msg_log("sMsg : [" + e.sMsg + "]" + "\n", 0);
        write_msg_log("========매도주문 원장 응답정보 출력 종료========\n", 0);
        g_flag_4 = 1; // 매도주문 응답완료 설정
    }

    if (e.sRQName == "매도취소주문")
    {
        write_msg_log("\n========매도취소주문 원장 응답정보 출력 시작========\n", 0);
        write_msg_log("sScrNo : [" + e.sScrNo + "]" + "\n", 0);
        write_msg_log("sRQName : [" + e.sRQName + "]" + "\n", 0);
        write_msg_log("sTrCode : [" + e.sTrCode + "]" + "\n", 0);
        write_msg_log("sMsg : [" + e.sMsg + "]" + "\n", 0);
        write_msg_log("========매도취소주문 원장 응답정보 출력 종료========\n", 0);
        g_flag_5 = 1; // 매도취소주문 응답완료 설정
    }
}
```

## 12.2 주문내역 데이터 수신과 저장

주식의 주문 응답이 수신되면 동시에 주문내역이 수신됩니다. axKHOpenAPI1_ OnReceiveChejanData 이벤트 메서드는 주문내역 데이터를 수신하여 이를 특정 로컬 변수에 저장합니다. 그리고 TB_ORD_LST(주문내역) 테이블에 삽입하는 메서드를 호출하여 주문내역을 저장합니다. 이 내용을 구현해보겠습니다.

1. 주문내역과 체결내역은 axKHOpenAPI1_OnReceiveChejanData 이벤트 메서드의 두 번째 입력값인 e의 sGubun 변수값이 '0'일 때 수신합니다. sGubun 변수의 값이 '0'인 상태에서 GetChejanData 함수를 호출하여 리턴값이 '접수'라면 주문내역을 수신하고, 주문내역의 각 항목을 로컬 변수에 저장합니다.

---

```
private void axKHOpenAPI1_OnReceiveChejanData(object sender, AxKHOpenAPILib._
DKHOpenAPIEvents_OnReceiveChejanDataEvent e) // Open API 주문내역과 체결내역 응답
이벤트 메서드
{
    if (e.sGubun == "0") // sGubun의 값이 "0"이라면 주문내역 및 체결내역 수신
    {
        String chejan_gb = "";
        chejan_gb = axKHOpenAPI1.GetChejanData(913).Trim(); // 주문내역인지 체결내
역인지 가져옴

        if (chejan_gb == "접수") // chejan_gb의 값이 "접수"라면 주문내역
        {
            String user_id = null;
            String jongmok_cd = null;
            String jongmok_nm = null;
            String ord_gb = null;
            String ord_no = null;
            String org_ord_no = null;
            string ref_dt = null;
            int ord_price = 0;
            int ord_stock_cnt = 0;
            int ord_amt = 0;
            String ord_dtm = null;

            user_id = g_user_id;
            jongmok_cd = axKHOpenAPI1.GetChejanData(9001).Trim().Substring(1, 6);
            jongmok_nm = get_jongmok_nm(jongmok_cd);
            ord_gb = axKHOpenAPI1.GetChejanData(907).Trim();
```

```
        ord_no = axKHOpenAPI1.GetChejanData(9203).Trim();
        org_ord_no = axKHOpenAPI1.GetChejanData(904).Trim();
        ord_price = int.Parse(axKHOpenAPI1.GetChejanData(901).Trim());
        ord_stock_cnt = int.Parse(axKHOpenAPI1.GetChejanData(900).Trim());
        ord_amt = ord_price * ord_stock_cnt;

        DateTime CurTime;
        String CurDt;
        CurTime = DateTime.Now;
        CurDt = CurTime.ToString("yyyy") + CurTime.ToString("MM") + CurTime.
ToString("dd");

        ref_dt = CurDt;

        ord_dtm = CurDt + axKHOpenAPI1.GetChejanData(908).Trim();

        write_msg_log("종목코드 : [" + jongmok_cd + "]" + "\n", 0);
        write_msg_log("종목명 : [" + jongmok_nm + "]" + "\n", 0);
        write_msg_log("주문구분 : [" + ord_gb + "]" + "\n", 0);
        write_msg_log("주문번호 : [" + ord_no + "]" + "\n", 0);
        write_msg_log("원주문번호 : [" + org_ord_no + "]" + "\n", 0);
        write_msg_log("주문금액 : [" + ord_price.ToString() + "]" + "\n", 0);
        write_msg_log("주문주식수 : [" + ord_stock_cnt.ToString() + "]" + "\n", 0);
        write_msg_log("주문금액 : [" + ord_amt.ToString() + "]" + "\n", 0);
        write_msg_log("주문일시 : [" + ord_dtm + "]" + "\n", 0);

    } // "if (chejan_gb == "접수")" 종료
  } // if (e.sGubun == "0") 종료
} // 메서드 종료
```

이 코드에 사용한 함수는 다음과 같습니다.

표 12-1 Open API 노트

| 함수명 | 설명 | 입력값(데이터 타입) | 출력값(데이터 타입) |
|---|---|---|---|
| GetChejanData | 주문내역/체결내역/보유종목 정보의 항목을 가져옵니다. | 정보항목번호(정수형) | 수신데이터(문자열) |
| | | 913: 주문/체결 구분 | |
| | | 9001: 종목코드 | |
| | | 907: 주문구분 | |
| | | 9203: 주문번호 | |
| | | 904: 원주문번호 | |
| | | 901: 주문가 | |
| | | 900: 주문주식수 | |
| | | 908: 주문시간 | |

2. 앞에서 로컬 변수에 저장한 주문내역 각 항목의 값을 TB_ORD_LST 테이블에
   저장하는 insert_tb_ord_lst 메서드를 다음과 같이 구현합니다.

```
public void insert_tb_ord_lst(string i_ref_dt, String i_jongmok_cd, String i_
jongmok_nm, String i_ord_gb, String i_ord_no, String i_org_ord_no, int i_ord_
price, int i_ord_stock_cnt, int i_ord_amt, String i_ord_dtm) // 주문내역 저장 메서드
{
    OracleCommand cmd = null;
    OracleConnection conn = null;
    String l_sql = null;

    l_sql = null;
    cmd = null;
    conn = null;
    conn = connect_db();

    cmd = new OracleCommand();
    cmd.Connection = conn;
    cmd.CommandType = CommandType.Text;

    // 주문내역 저장
    l_sql = @" insert into tb_ord_lst values ( " +
            "'" + g_user_id + "'" + "," +
            "'" + g_accnt_no + "'" + "," +
            "'" + i_ref_dt + "'" + "," +
            "'" + i_jongmok_cd + "'" + "," +
            "'" + i_jongmok_nm + "'" + "," +
            "'" + i_ord_gb + "'" + "," +
            "'" + i_ord_no + "'" + "," +
            "'" + i_org_ord_no + "'" + "," +
            +i_ord_price + "," +
            +i_ord_stock_cnt + "," +
            +i_ord_amt + "," +
            "'" + i_ord_dtm + "'" + "," +
            "'ats'" + "," +
            "SYSDATE" + "," +
            "null" + "," +
            "null" + ") ";

    cmd.CommandText = l_sql;

    try
```

```
    {
        cmd.ExecuteNonQuery();
    }
    catch (Exception ex)
    {
        write_err_log("insert tb_ord_lst ex : [" + ex.Message + "] \n", 0);
    }
    conn.Close();
}
```

3. 마지막으로 앞에서 구현한 insert_tb_ord_lst 메서드를 axKHOpenAPI1_
   OnReceiveChejanData 이벤트 메서드에서 호출하게 합니다.

```
write_msg_log("종목코드 : [" + jongmok_cd + "]" + "\n", 0);
                write_msg_log("종목명 : [" + jongmok_nm + "]" + "\n", 0);
                write_msg_log("주문구분 : [" + ord_gb + "]" + "\n", 0);
                write_msg_log("주문번호 : [" + ord_no + "]" + "\n", 0);
                write_msg_log("원주문번호 : [" + org_ord_no + "]" + "\n", 0);
                write_msg_log("주문금액 : [" + ord_price.ToString() + "]" + "\n", 0);
                write_msg_log("주문주식수 : [" + ord_stock_cnt.ToString() + "]" +
"\n", 0);
                write_msg_log("주문금액 : [" + ord_amt.ToString() + "]" + "\n", 0);
                write_msg_log("주문일시 : [" + ord_dtm + "]" + "\n", 0);

                insert_tb_ord_lst(ref_dt, jongmok_cd, jongmok_nm, ord_gb, ord_no, org_
                ord_no, ord_price, ord_stock_cnt, ord_amt, ord_dtm); // 주문내역 저장
```

TB_ACCNT(계좌) 테이블에서 관리하는 ORD_POSSIBLE_AMT(주문가능금액) 컬럼은
증권계좌의 주문가능금액을 실시간으로 관리합니다. 매수주문이 완료되면 주문
금액만큼 매수가능금액이 줄어들어야 하는데, 이번에는 이러한 역할을 담당하는
update_tb_accnt 메서드를 구현하겠습니다.

1. update_tb_accnt 메서드는 매수인지 매도인지에 대한 구분값과 주문금액을
   인자로 받아서 TB_ACCNT 테이블의 ORD_POSSIBLE_AMT 컬럼을 갱신합니다.

```
public void update_tb_accnt(String i_chegyul_gb, int i_chegyul_amt) // 계좌 테이블
수정 메서드
{
    OracleCommand cmd = null;
    OracleConnection conn = null;
    String l_sql = null;

    l_sql = null;

    cmd = null;
    conn = null;
    conn = connect_db();

    cmd = new OracleCommand();
    cmd.Connection = conn;
    cmd.CommandType = CommandType.Text;

    if (i_chegyul_gb == "2") // 매수일 때 주문가능금액에서 체결금액 빼기
    {
        l_sql = @" update TB_ACCNT set ORD_POSSIBLE_AMT = ord_possible_amt - "
+ i_chegyul_amt + ", updt_dtm = SYSDATE, updt_id = 'ats' " +
            " where user_id = " + "'" + g_user_id + "'" +
            " and accnt_no = " + "'" + g_accnt_no + "'" +
            " and ref_dt = to_char(sysdate, 'yyyymmdd') ";
    }
    else if (i_chegyul_gb == "1") // 매도일 때 주문가능금액에 체결금액 더하기
    {
        l_sql = @" update TB_ACCNT set ORD_POSSIBLE_AMT = ord_possible_amt + "
+ i_chegyul_amt + ", updt_dtm = SYSDATE, updt_id = 'ats' " +
            " where user_id = " + "'" + g_user_id + "'" +
            " and accnt_no = " + "'" + g_accnt_no + "'" +
            " and ref_dt = to_char(sysdate, 'yyyymmdd') ";
    }

    cmd.CommandText = l_sql;

    try
    {
        cmd.ExecuteNonQuery();
    }
    catch (Exception ex)
    {
        write_err_log("update TB_ACCNT ex.Message : [" + ex.Message + "]\n", 0);
    }
    conn.Close();
}
```

2. axKHOpenAPI1_OnReceiveChejanData 이벤트 메서드에서 insert_tb_ ord_lst 메서드를 호출하여 TB_ORD_LST 테이블에 주문내역을 저장합니다. 이때 주문 유형이 매수주문이라면 계좌의 매수가능금액이 줄어들게 됩니다(예 를 들어, 주당 150만 원짜리인 삼성전자 주식 1주를 매수주문하면 매수가능금액에서 150만 원이 차감되어야 합니다). 이러한 처리를 하려면 ord_gb(주문유형) 값이 '2'일 때 매 수주문이므로 update_tb_accnt 메서드를 호출하여 TB_ACCNT 테이블에서 ORD_POSSIBLE_AMT(매수가능금액) 컬럼을 갱신해야 합니다.

**매수가능금액 조정 메서드 호출**

```
write_msg_log("종목코드 : [" + jongmok_cd + "]" + "\n", 0);
        write_msg_log("종목명 : [" + jongmok_nm + "]" + "\n", 0);
        write_msg_log("주문구분 : [" + ord_gb + "]" + "\n", 0);
        write_msg_log("주문번호 : [" + ord_no + "]" + "\n", 0);
        write_msg_log("원주문번호 : [" + org_ord_no + "]" + "\n", 0);
        write_msg_log("주문금액 : [" + ord_price.ToString() + "]" + "\n", 0);
        write_msg_log("주문주식수 : [" + ord_stock_cnt.ToString() + "]" + "\n", 0);
        write_msg_log("주문금액 : [" + ord_amt.ToString() + "]" + "\n", 0);
        write_msg_log("주문일시 : [" + ord_dtm + "]" + "\n", 0);

        insert_tb_ord_lst(ref_dt, jongmok_cd, jongmok_nm, ord_gb, ord_no,
org_ord_no, ord_price, ord_stock_cnt, ord_amt, ord_dtm); // 주문내역 저장

        if (ord_gb == "2") // 매수주문일 경우
        {
            update_tb_accnt(ord_gb, ord_amt);
        }
```

## 12.3 체결내역 데이터 수신과 저장

이번에는 체결내역 데이터를 수신하고 저장하는 부분을 구현해보겠습니다. 주식을 매매주문한 후 해당 주문이 체결되면 axKHOpenAPI1_OnReceive ChejanData 이벤트 메서드를 통해 체결내역을 수신받게 됩니다. 체결내역이 수 신되면 메서드는 체결내역의 각 항목을 로컬 변수에 저장한 후 TB_CHEGYUL_LST

(체결내역) 테이블에 삽입(INSERT)합니다. 이렇게 체결내역을 데이터베이스에 저장
함으로써 특정 종목의 주문에 대한 체결 유무를 실시간으로 판단할 수 있습니다.
구현 방법은 다음과 같습니다.

1. axKHOpenAPI1_OnReceiveChejanData 이벤트 메서드의 두 번째 입력값
   인 e의 sGubun 변수값이 '0'이면 주문내역과 체결내역이 수신됩니다. 이때
   GetChejanData 함수를 호출하여 리턴값이 '체결'이면 체결내역을 수신합니
   다. 이벤트 메서드에서는 GetChejanData 함수에 가져오고자 하는 각 항목의
   인자값을 입력하여(예를 들어, 인자값이 '9001'이라면 종목코드) 함수를 호출하고 각
   항목을 이벤트 메서드의 로컬 변수에 저장합니다.

2. axKHOpenAPI1_OnReceiveChejanData 이벤트 메서드의 '} // "if
   (chejan_gb == "접수")" 종료' 다음에 체결내역 수신 조건을 추가하여 로컬
   변수에 체결내역 항목을 저장합니다.

**axKHOpenAPI1_OnReceiveChejanData 메서드에 체결내역 수신 조건 추가**

```
} // "if (chejan_gb == "접수")" 종료
else if (chejan_gb == "체결") // chejan_gb의 값이 "체결"이라면 체결내역
{
    String user_id = null;
    String jongmok_cd = null;
    String jongmok_nm = null;
    String chegyul_gb = null;
    int chegyul_no = 0;
    int chegyul_price = 0;
    int chegyul_cnt = 0;
    int chegyul_amt = 0;
    String chegyul_dtm = null;
    String ord_no = null;
    String org_ord_no = null;
    string ref_dt = null;

    user_id = g_user_id;
    jongmok_cd = axKHOpenAPI1.GetChejanData(9001).Trim().Substring(1, 6);
    jongmok_nm = get_jongmok_nm(jongmok_cd);
```

```
    chegyul_gb = axKHOpenAPI1.GetChejanData(907).Trim(); // 2:매수 1:매도
    chegyul_no = int.Parse(axKHOpenAPI1.GetChejanData(909).Trim());
    chegyul_price = int.Parse(axKHOpenAPI1.GetChejanData(910).Trim());
    chegyul_cnt = int.Parse(axKHOpenAPI1.GetChejanData(911).Trim());
    chegyul_amt = chegyul_price * chegyul_cnt;
    org_ord_no = axKHOpenAPI1.GetChejanData(904).Trim();

    DateTime CurTime;
    String CurDt;
    CurTime = DateTime.Now;
    CurDt = CurTime.ToString("yyyy") + CurTime.ToString("MM") + CurTime.ToString("dd");
    ref_dt = CurDt;
    chegyul_dtm = CurDt + axKHOpenAPI1.GetChejanData(908).Trim();
    ord_no = axKHOpenAPI1.GetChejanData(9203).Trim();

    write_msg_log("종목코드 : [" + jongmok_cd + "]" + "\n", 0);
    write_msg_log("종목명 : [" + jongmok_nm + "]" + "\n", 0);
    write_msg_log("체결구분 : [" + chegyul_gb + "]" + "\n", 0);
    write_msg_log("체결번호 : [" + chegyul_no.ToString() + "]" + "\n", 0);
    write_msg_log("체결가 : [" + chegyul_price.ToString() + "]" + "\n", 0);
    write_msg_log("체결주식수 : [" + chegyul_cnt.ToString() + "]" + "\n", 0);
    write_msg_log("체결금액 : [" + chegyul_amt.ToString() + "]" + "\n", 0);
    write_msg_log("체결일시 : [" + chegyul_dtm + "]" + "\n", 0);
    write_msg_log("주문번호 : [" + ord_no + "]" + "\n", 0);
    write_msg_log("원주문번호 : [" + org_ord_no + "]" + "\n", 0);
} // else if (chejan_gb == "체결" 종료
```

3. axKHOpenAPI1_OnReceiveChejanData 이벤트 메서드의 로컬 변수에 저
   장한 체결내역 각 항목을 TB_CHEGYUL_LST 테이블에 저장하는 insert_tb_
   chegyul_lst 메서드를 구현합니다.

```
public void insert_tb_chegyul_lst(string i_ref_dt, String i_jongmok_cd, String
i_jongmok_nm, String i_chegyul_gb, int i_chegyul_no, int i_chegyul_price, int
i_chegyul_stock_cnt, int i_chegyul_amt, String i_chegyul_dtm, String i_ord_no,
String i_org_ord_no) // 체결내역 저장 메서드
{
    OracleCommand cmd = null;
    OracleConnection conn = null;
    String l_sql = null;
```

```csharp
        l_sql = null;
        cmd = null;
        conn = null;
        conn = connect_db();

        cmd = new OracleCommand();
        cmd.Connection = conn;
        cmd.CommandType = CommandType.Text;

        // 체결내역 테이블 삽입
        l_sql = @" insert into tb_chegyul_lst values ( " +
                "'" + g_user_id + "'" + "," +
                "'" + g_accnt_no + "'" + "," +
                "'" + i_ref_dt + "'" + "," +
                "'" + i_jongmok_cd + "'" + "," +
                "'" + i_jongmok_nm + "'" + "," +
                "'" + i_chegyul_gb + "'" + "," +
                "'" + i_ord_no + "'" + "," +
                "'" + i_chegyul_gb + "'" + "," +
                +i_chegyul_no + "," +
                +i_chegyul_price + "," +
                +i_chegyul_stock_cnt + "," +
                +i_chegyul_amt + "," +
                "'" + i_chegyul_dtm + "'" + "," +
                "'ats'" + "," +
                "SYSDATE" + "," +
                "null" + "," +
                "null" + ") ";

        cmd.CommandText = l_sql;

        try
        {
            cmd.ExecuteNonQuery();
        }
        catch (Exception ex)
        {
            write_err_log("insert tb_chegyul_lst ex : [" + ex.Message + "]\n", 0);
        }
        conn.Close();
}
```

4. 구현한 insert_tb_chegyul_lst 메서드를 axKHOpenAPI1_OnReceive
ChejanData 이벤트 메서드에서 호출합니다.

```
        write_msg_log("종목코드 : [" + jongmok_cd + "]" + "\n", 0);
        write_msg_log("종목명 : [" + jongmok_nm + "]" + "\n", 0);
        write_msg_log("체결구분 : [" + chegyul_gb + "]" + "\n", 0);
        write_msg_log("체결번호 : [" + chegyul_no.ToString() + "]" + "\n", 0);
        write_msg_log("체결가 : [" + chegyul_price.ToString() + "]" + "\n", 0);
        write_msg_log("체결주식수 : [" + chegyul_cnt.ToString() + "]" + "\n", 0);
        write_msg_log("체결금액 : [" + chegyul_amt.ToString() + "]" + "\n", 0);
        write_msg_log("체결일시 : [" + chegyul_dtm + "]" + "\n", 0);
        write_msg_log("주문번호 : [" + ord_no + "]" + "\n", 0);
        write_msg_log("원주문번호 : [" + org_ord_no + "]" + "\n", 0);

        insert_tb_chegyul_lst(ref_dt, jongmok_cd, jongmok_nm, chegyul_gb,
chegyul_no, chegyul_price, chegyul_cnt, chegyul_amt, chegyul_dtm, ord_no, org_
ord_no); // 체결내역 저장

    } // else if (chejan_gb == "체결" 종료
} // if (e.sGubun == "0") 종료
```

5. 매도체결일 때는 매도체결금액만큼 매수가능금액이 늘어나야 합니다. 따라
서 axKHOpenAPI1_OnReceiveChejanData 이벤트 메서드에서 insert_tb_
chegyul_lst 메서드를 호출한 부분 다음에 update_tb_accnt 메서드를 호
출하는 부분을 추가하여 체결금액만큼 매수가능금액을 늘려줍니다.

```
        insert_tb_chegyul_lst(ref_dt, jongmok_cd, jongmok_nm, chegyul_gb, cheg-
yul_no, chegyul_price, chegyul_cnt, chegyul_amt, chegyul_dtm, ord_no, org_ord_
no); // 체결내역 저장

        if (chegyul_gb == "1") //매도체결이라면 계좌 테이블의 매수가능금액을 늘려줌
        {
            update_tb_accnt(chegyul_gb, chegyul_amt);
        }
    } //else if (chejan_gb == "체결" 종료
} //if (e.sGubun == "0") 종료
```

## 12.4 계좌정보 데이터 수신과 저장

주식주문에 대한 체결이 완료되면 사용자의 계좌정보도 바뀌게 됩니다. 예를 들어, 삼성전자 주식 1주가 매수체결되었다면 계좌정보에서 삼성전자 1주의 내용이 갱신되어야 합니다. 이는 계좌정보 데이터를 수신한 후 계좌정보 항목을 로컬 변수에 저장하고 TB_ACCNT_INFO(계좌정보) 테이블을 갱신 또는 삽입(MERGE)하면 됩니다. 구현 방법은 다음과 같습니다.

1. axKHOpenAPI1_OnReceiveChejanData 이벤트 메서드에서 두 번째 입력값 e의 sGubun 변수값이 '1'이라면 계좌정보를 수신합니다. 이벤트 메서드의 '} // if (e.sGubun == "0") 종료' 아래에 다음 조건을 추가합니다.

**계좌정보 데이터 수신 조건 추가**

```
} // if (e.sGubun == "0") 종료

if (e.sGubun == "1") // sGubun의 값이 "1"이면 계좌정보 수신
{
    String user_id = null;
    String jongmok_cd = null;

    int boyu_cnt = 0;
    int boyu_price = 0;
    int boyu_amt = 0;

    user_id = g_user_id;
    jongmok_cd = axKHOpenAPI1.GetChejanData(9001).Trim().Substring(1, 6);
    boyu_cnt = int.Parse(axKHOpenAPI1.GetChejanData(930).Trim());
    boyu_price = int.Parse(axKHOpenAPI1.GetChejanData(931).Trim());
    boyu_amt = int.Parse(axKHOpenAPI1.GetChejanData(932).Trim());

    String l_jongmok_nm = null;
    l_jongmok_nm = get_jongmok_nm(jongmok_cd);

    write_msg_log("종목코드 : [" + jongmok_cd + "]" + "\n", 0);
    write_msg_log("보유주식수 : [" + boyu_cnt.ToString() + "]" + "\n", 0);
    write_msg_log("보유가 : [" + boyu_price.ToString() + "]" + "\n", 0);
    write_msg_log("보유금액 : [" + boyu_amt.ToString() + "]" + "\n", 0);
} // if (e.sGubun == "1") 종료
```

2. 계좌정보 데이터를 수신하여 로컬 변수에 저장하고나면 수신받은 계좌정보를
   TB_ACCNT_INFO 테이블에 갱신 또는 삽입하는 merge_tb_accnt_info 메서
   드를 다음과 같이 구현합니다.

```
public void merge_tb_accnt_info(String i_jongmok_cd, String i_jongmok_nm, int
i_boyu_cnt, int i_boyu_price, int i_boyu_amt) // 계좌정보 테이블 세팅 메서드
{
    OracleCommand cmd = null;
    OracleConnection conn = null;
    String l_sql = null;

    l_sql = null;
    cmd = null;
    conn = null;
    conn = connect_db();

    cmd = new OracleCommand();
    cmd.Connection = conn;
    cmd.CommandType = CommandType.Text;

    // 계좌정보 테이블 세팅, 기존에 보유한 종목이면 갱신, 보유하지 않았으면 신규로 삽입
    l_sql = @"merge into TB_ACCNT_INFO a
            using (
                select nvl(max(user_id), '0') user_id, nvl(max(ref_dt), '0') ref_
dt, nvl(max(jongmok_cd), '0') jongmok_cd, nvl(max(jongmok_nm), '0') jongmok_nm
                from TB_ACCNT_INFO
                where user_id = '" + g_user_id + "'" +
                "and ACCNT_NO = '" + g_accnt_no + "'" +
                "and jongmok_cd = '" + i_jongmok_cd + "'" +
                "and ref_dt =  to_char(sysdate, 'yyyymmdd') " +
                " ) b " +
                " on ( a.user_id = b.user_id and a.jongmok_cd = b.jongmok_cd
and a.ref_dt = b.ref_dt) " +
                " when matched then update   " +
                " set OWN_STOCK_CNT = " + i_boyu_cnt + "," +
                " BUY_PRICE = " + i_boyu_price + "," +
                " OWN_AMT = " + i_boyu_amt + "," +
                " updt_dtm = SYSDATE" + "," +
                " updt_id = 'ats'" +
                " when not matched then insert (a.user_id,a.accnt_no, a.ref_dt,
a.jongmok_cd, a.jongmok_nm,a.BUY_PRICE,a.OWN_STOCK_CNT, a.OWN_AMT, a.inst_dtm, a.inst_
id) values ( " +
```

```
                            "'" + g_user_id + "'" + "," +
                            "'" + g_accnt_no + "'" + "," +
                            "to_char(sysdate, 'yyyymmdd'), " +
                            "'" + i_jongmok_cd + "'" + "," +
                            "'" + i_jongmok_nm + "'" + "," +
                            +i_boyu_price + "," +
                            +i_boyu_cnt + "," +
                            +i_boyu_amt + "," +
                            "SYSDATE, " +
                            "'ats'" +
                      " ) ";

      cmd.CommandText = l_sql;

      try
      {
          cmd.ExecuteNonQuery();
      }
      catch (Exception ex)
      {
          write_err_log("merge TB_ACCNT_INFO ex : [" + ex.Message + "]\n", 0);
      }
      conn.Close();
}
```

3. axKHOpenAPI1_OnReceiveChejanData 이벤트 메서드에서 체결내역
  이 수신된다면 증권계좌의 보유종목 정보가 바뀐 것입니다. 이 보유종목 정
  보는 TB_ACCNT_INFO 테이블에서 저장 및 관리되므로 axKHOpenAPI1_
  OnReceiveChejanData 이벤트 메서드에서 merge_tb_accnt_info 메서드
  를 호출하여 TB_ACCNT_INFO 테이블을 갱신 또는 삽입하여 변경합니다.

**merge_tb_accnt_info 메서드 호출**

```
write_msg_log("종목코드 : [" + jongmok_cd + "]" + "\n", 0);
write_msg_log("보유주식수 : [" + boyu_cnt.ToString() + "]" + "\n", 0);
write_msg_log("보유가 : [" + boyu_price.ToString() + "]" + "\n", 0);
write_msg_log("보유금액 : [" + boyu_amt.ToString() + "]" + "\n", 0);

merge_tb_accnt_info(jongmok_cd, l_jongmok_nm, boyu_cnt, boyu_price, boyu_
amt); // 계좌정보(보유종목) 저장

} //if (e.sGubun == "1") 종료
```

# chapter 13

# 장 시작 전 매도주문

사용자는 지정한 거래종목의 목표가로 항상 매도주문을 하는데, 지정한 종목이 목표가에 도달하면 이를 감지하고 매도주문을 하는 것보다 미리 목표가에 매도주문을 하는 것이 체결될 가능성이 더 높습니다. 그리고 이런 매도주문은 보통 장 시작 30분 전인 8시 30분부터 미리 하게 됩니다.

이번 장에서는 이 내용을 반영하여 TB_TRD_JONGMOK(거래종목) 테이블과 TB_ACCNT_INFO(계좌정보) 테이블을 조인하여 조회한 종목을 목표가에 매도주문하는 내용을 구현하겠습니다. 먼저 장 시작 전 매도주문을 하는 sell_ord_first 메서드를 구현하고, 자동매매 시작과 동시에 생성된 스레드가 동작하는 내용을 정의한 m_thread1에서 해당 메서드를 호출하면 됩니다

## 13.1 매도대상 종목 조회

장 시작 전에 TB_TRD_JONGMOK 테이블과 TB_ACCNT_INFO 테이블을 조인하여 매도대상 종목을 조회합니다. 조회 결과로 매도대상 종목의 종목코드, 매수가, 보유주식수, 목표가를 가져옵니다. 이러한 역할을 하는 sell_ord_first 메서드를 다음과 같이 구현합니다.

```
public void sell_ord_first() // 계좌정보 보유종목의 매도주문 메서드
{
    OracleCommand cmd = null;
    OracleConnection conn = null;
```

```
String sql = null;
OracleDataReader reader = null;

string l_jongmok_cd = null;
int l_buy_price = 0;
int l_own_stock_cnt = 0;
int l_target_price = 0;

conn = null;
conn = connect_db();

sql = null;
cmd = null;
reader = null;

cmd = new OracleCommand();
cmd.Connection = conn;
cmd.CommandType = CommandType.Text;
// TB_ACCNT_INFO와 TB_TRD_JONGMOK 테이블을 조인하여 매도대상 종목 조회
sql = @" SELECT " +
    "       A.JONGMOK_CD, " +
    "       A.BUY_PRICE, " +
    "       A.OWN_STOCK_CNT, " +
    "       B.TARGET_PRICE " +
    " FROM TB_ACCNT_INFO A, " +
    "       TB_TRD_JONGMOK B " +
    " WHERE A.USER_ID = " + "'" + g_user_id + "'" +
    " AND A.ACCNT_NO = " + "'" + g_accnt_no + "'" +
    " AND A.REF_DT = TO_CHAR(SYSDATE, 'YYYYMMDD') " +
    " AND A.USER_ID = B.USER_ID " +
    " AND A.JONGMOK_CD = B.JONGMOK_CD " +
    " AND B.SELL_TRD_YN = 'Y' AND A.OWN_STOCK_CNT > 0 ";

cmd.CommandText = sql;
reader = cmd.ExecuteReader();

while (reader.Read())
{
    l_jongmok_cd = "";
    l_buy_price = 0;
    l_own_stock_cnt = 0;
    l_target_price = 0;

    l_jongmok_cd = reader[0].ToString().Trim();
    l_buy_price = int.Parse(reader[1].ToString().Trim());
```

```
        l_own_stock_cnt = int.Parse(reader[2].ToString().Trim());
        l_target_price = int.Parse(reader[3].ToString().Trim());

        write_msg_log("종목코드 : [" + l_jongmok_cd + "]\n", 0);
        write_msg_log("매입가 : [" + l_buy_price.ToString() + "]\n", 0);
        write_msg_log("보유주식수 : [" + l_own_stock_cnt.ToString() + "]\n", 0);
        write_msg_log("목표가 : [" + l_target_price.ToString() + "]\n", 0);

    } // while (reader.Read() 종료

    reader.Close();
    conn.Close();
}
```

주식시장에 상장된 모든 종목은 코스피/코스닥 시장구분과 주식가격에 따른 호
가가격단위가 있습니다. 예를 들어, 특정 주식의 가격이 1,000원 이상, 5,000
원 미만이라면 호가가격단위는 5원입니다. 따라서 특정 주식의 현재가 4,555
원일 때 해당 종목을 4,556원에 매도주문하면 매도주문에 실패하게 됩니다. [표
13-1]은 2017년 2월 기준 주식시장의 호가가격단위를 보여줍니다.

표 13-1 주식시장의 호가가격단위(2017년 2월 기준)

| 기준가 | 호가가격단위 | |
|---|---|---|
| | 코스닥 | 코스피 |
| 1,000원 미만 | 1원 | 1원 |
| 1,000원 이상 ~ 5,000원 미만 | 5원 | 5원 |
| 5,000원 이상 ~ 10,000원 미만 | 10원 | 10원 |
| 10,000원 이상 ~ 50,000원 미만 | 50원 | 50원 |
| 50,000원 이상 ~ 100,000원 미만 | 100원 | 100원 |
| 100,000원 이상 ~ 500,000원 미만 | 100원 | 500원 |
| 500,000원 이상 | 100원 | 1,000원 |

유효하지 않은 호가가격단위 때문에 매도주문에 실패하는 것을 방지하기 위해 매
도주문 전 유효한 호가가격단위를 구하는 'get_hoga_unit_price'라는 메서드
를 구현합니다.

```
public int get_hoga_unit_price(int i_price, String i_jongmok_cd, int i_hoga_
unit_jump) // 호가가격단위 가져오기 메서드
{
    int l_market_type;
    int l_rest;

    l_market_type = 0;

    try
    {
        l_market_type = int.Parse(axKHOpenAPI1.GetMarketType(i_jongmok_cd).
ToString()); // 시장구분 가져오기
    }
    catch (Exception ex)
    {
        write_err_log("get_hoga_unit_price() ex.Message : [" + ex.Message + "]\n", 0);
    }

    if (i_price < 1000)
    {
        return i_price + (i_hoga_unit_jump * 1);
    }
    else if (i_price >= 1000 && i_price < 5000)
    {
        l_rest = i_price % 5;
        if (l_rest == 0)
        {
            return i_price + (i_hoga_unit_jump * 5);
        }
        else if (l_rest < 3)
        {
            return (i_price - l_rest) + (i_hoga_unit_jump * 5);
        }
        else
        {
            return (i_price + (5 - l_rest)) + (i_hoga_unit_jump * 5);
        }
    }
    else if (i_price >= 5000 && i_price < 10000)
    {
        l_rest = i_price % 10;
        if (l_rest == 0)
        {
            return i_price + (i_hoga_unit_jump * 10);
        }
```

```
    else if (l_rest < 5)
    {
        return (i_price - l_rest) + (i_hoga_unit_jump * 10);
    }
    else
    {
        return (i_price + (10 - l_rest)) + (i_hoga_unit_jump * 10);
    }
}
else if (i_price >= 10000 && i_price < 50000)
{
    l_rest = i_price % 50;
    if (l_rest == 0)
    {
        return i_price + (i_hoga_unit_jump * 50);
    }
    else if (l_rest < 25)
    {
        return (i_price - l_rest) + (i_hoga_unit_jump * 50);
    }
    else
    {
        return (i_price + (50 - l_rest)) + (i_hoga_unit_jump * 50);
    }
}
else if (i_price >= 50000 && i_price < 100000)
{
    l_rest = i_price % 100;
    if (l_rest == 0)
    {
        return i_price + (i_hoga_unit_jump * 100);
    }
    else if (l_rest < 50)
    {
        return (i_price - l_rest) + (i_hoga_unit_jump * 100);
    }
    else
    {
        return (i_price + (100 - l_rest)) + (i_hoga_unit_jump * 100);
    }
}
else if (i_price >= 100000 && i_price < 500000)
{
    if (l_market_type == 10)
    {
```

```
        l_rest = i_price % 100;
        if (l_rest == 0)
        {
            return i_price + (i_hoga_unit_jump * 100);
        }
        else if (l_rest < 50)
        {
            return (i_price - l_rest) + (i_hoga_unit_jump * 100);
        }
        else
        {
            return (i_price + (100 - l_rest)) + (i_hoga_unit_jump * 100);
        }
    }
    else
    {
        l_rest = i_price % 500;
        if (l_rest == 0)
        {
            return i_price + (i_hoga_unit_jump * 500);
        }
        else if (l_rest < 250)
        {
            return (i_price - l_rest) + (i_hoga_unit_jump * 500);
        }
        else
        {
            return (i_price + (500 - l_rest)) + (i_hoga_unit_jump * 500);
        }
    }
}
else if (i_price >= 500000)
{
    if (l_market_type == 10)
    {
        l_rest = i_price % 100;
        if (l_rest == 0)
        {
            return i_price + (i_hoga_unit_jump * 100);
        }
        else if (l_rest < 50)
        {
            return (i_price - l_rest) + (i_hoga_unit_jump * 100);
        }
        else
```

```
            {
                return (i_price + (100 - l_rest)) + (i_hoga_unit_jump * 100);
            }
        }
        else
        {
            l_rest = i_price % 1000;
            if (l_rest == 0)
            {
                return i_price + (i_hoga_unit_jump * 1000);
            }
            else if (l_rest < 500)
            {
                return (i_price - l_rest) + (i_hoga_unit_jump * 1000);
            }
            else
            {
                return (i_price + (1000 - l_rest)) + (i_hoga_unit_jump * 1000);
            }
        }
    }
    return 0;
}
```

앞의 코드에서 사용한 Open API 함수는 다음과 같습니다.

표 13-2 Open API 노트

| 함수명 | 설명 | 입력값(데이터 타입) | 출력값(데이터 타입) |
|---|---|---|---|
| GetMarketType | 입력받은 종목코드의 시장구분값을 가져옵니다. | 종목코드(문자열) | 시장구분값(정수형)<br>0: 코스피<br>10: 코스닥 |

앞에서 구현한 sell_ord_first 메서드에서 TB_TRD_JONGMOK 테이블의 TARGET_PRICE(목표가) 컬럼을 구한 후 get_hoga_unit_price 메서드를 호출하여 사용자가 입력한 목표가에 맞는 호가가격단위를 구합니다.

호가가격단위 구하기 메서드 호출

```
while (reader.Read())
{
```

```
l_jongmok_cd = "";
l_buy_price = 0;
l_own_stock_cnt = 0;
l_target_price = 0;

l_jongmok_cd = reader[0].ToString().Trim();
l_buy_price = int.Parse(reader[1].ToString().Trim());
l_own_stock_cnt = int.Parse(reader[2].ToString().Trim());
l_target_price = int.Parse(reader[3].ToString().Trim());

write_msg_log("종목코드 : [" + l_jongmok_cd + "]\n", 0);
write_msg_log("매입가 : [" + l_buy_price.ToString() + "]\n", 0);
write_msg_log("보유주식수 : [" + l_own_stock_cnt.ToString() + "]\n", 0);
write_msg_log("목표가 : [" + l_target_price.ToString() + "]\n", 0);

int l_new_target_price = 0;
l_new_target_price = get_hoga_unit_price(l_target_price, l_jongmok_cd, 0);
} // while (reader.Read()) 종료
reader.Close();
conn.Close();
```

## 13.2 매도대상 종목 매도주문

매도대상 종목을 조회하고 목표가에 맞는 호가가격단위를 구한 후 Open API로
매도주문을 합니다. 매도주문이 완료되면 주문 응답과 주문내역이 저장되며, 매도
주문에 대한 체결이 발생하면 체결내역이 저장됩니다. 이번에는 이 부분을 구현해
보겠습니다.

1. sell_ord_first 메서드에서 get_hoga_unit_price 메서드를 호출한 다음
   부분에 클래스 변수인 g_flag_4를 0으로 설정하고 SendOrder 함수를 호출
   하여 매도주문을 합니다. 매도주문을 한 후 변수 g_flag_4의 값이 1이 되어야
   주문이 완료되므로 g_flag_4의 값이 1이 될 때까지 대기합니다.

장 시작 전 매도주문 함수 호출

```
int l_new_target_price = 0;
```

```
l_new_target_price = get_hoga_unit_price(l_target_price, l_jongmok_cd, 0);

g_flag_4 = 0;
g_rqname = "매도주문";

String l_scr_no = null;
l_scr_no = "";
l_scr_no = get_scr_no();

int ret = 0;

// 매도주문 요청
ret = axKHOpenAPI1.SendOrder("매도주문", l_scr_no, g_accnt_no,
                             2, l_jongmok_cd, l_own_stock_cnt,
                             l_new_target_price, "00", "");
if (ret == 0)
{
    write_msg_log("매도주문 Sendord() 호출 성공\n", 0);
    write_msg_log("종목코드 : [" + l_jongmok_cd + "]\n", 0);
}
else
{
    write_msg_log("매도주문 Sendord() 호출 실패\n", 0);
    write_msg_log("i_jongmok_cd : [" + l_jongmok_cd + "]\n", 0);
}

delay(200);

for (;;)
{
    if (g_flag_4 == 1)
    {
        delay(200);
        axKHOpenAPI1.DisconnectRealData(l_scr_no);
        break;
    }
    else
    {
        write_msg_log("'매도주문' 완료 대기 중...\n", 0);
        delay(200);
        break;
    }
}
    axKHOpenAPI1.DisconnectRealData(l_scr_no);
} // while (reader.Read()) 종료
reader.Close();
```

```
    conn.Close();
} // sell_ord_first 종료
```

---

앞의 코드에서 사용한 함수는 다음과 같습니다.

표 13-3 Open API 노트

| 함수명 | 설명 | 입력값(데이터 타입) | 출력값(데이터 타입) |
|--------|------|---------------------|---------------------|
| SendOrder | 특정 종목의 매매주문을 합니다. | 요청명(문자열) | 0: 성공 |
| | | 화면번호(문자열) | 음수: 실패 |
| | | 증권계좌번호(문자열) | |
| | | 주문유형(정수형) | |
| | | 종목코드(문자열) | |
| | | 주문수량(정수형) | |
| | | 주문단가(정수형) | |
| | | 거래구분(문자열) | |
| | | 주문유형(1:매수, 2:매도, 3:매수취소, 4:매도취소, 5:매수정정, 6:매도정정) | |
| | | 거래구분("00":지정가, "03" : 시장가) | |

2. m_thread1 메서드에서 sell_ord_first 메서드를 호출하는데, 한 번만 호출
   하도록 m_thread 메서드 내에 플래그 변수를 선언합니다. sell_ord_first
   메서드를 한 번만 호출하는 이유는 보유한 전 종목에 대한 매도주문은 한 번만
   가능하고, 여러 번 호출하면 기존 매도주문이 되므로 매도주문에 실패합니다.
   그러므로 해당 메서드를 한 번만 호출해야 합니다. sell_ord_first 메서드
   는 m_thread1 메서드 중 8시 30분 이후에 실행되는 부분에서 호출합니다.

장 시작 전(8시 30분 이후) 매도주문 호출
```
public void m_thread1() // 스레드 메서드
{
    string l_cur_tm = null;

    int l_set_tb_accnt_flag = 0; // 1이면 호출 완료
    int l_set_tb_accnt_info_flag = 0; // 1이면 호출 완료
    int l_sell_ord_first_flag = 0; // 1이면 호출 완료    플래그 변수 선언
```

```
    if (g_is_thread == 0) // 최초 스레드 생성
    {
        g_is_thread = 1; // 중복 스레드 생성방지
        write_msg_log("자동매매가 시작되었습니다.\n", 0);
    }

    for (;;) // 첫 번째 무한루프의 시작
    {
        l_cur_tm = get_cur_tm();// 현재시각 조회
        if (l_cur_tm.CompareTo("083001") >= 0) // 8시 30분 이후라면 테스트용 시간:
000000 장 운영시간: 083001
        {
            // 계좌조회, 계좌정보 조회, 보유종목 매도주문 수행
            if (l_set_tb_accnt_flag == 0) // 호출 전
            {
                l_set_tb_accnt_flag = 1; // 호출로 설정
                set_tb_accnt(); // 호출
            }
            if (l_set_tb_accnt_info_flag == 0)
            {
                set_tb_accnt_info(); // 계좌정보 테이블 설정
                l_set_tb_accnt_info_flag = 1;
            }
            if (l_sell_ord_first_flag == 0)                    sell_ord_first 메서드 호출
            {
                sell_ord_first(); // 보유종목 매도
                l_sell_ord_first_flag = 1;
            }
        }
```

chapter **14**

# 실시간 매수주문

이번 장에서는 주식시장 운영시간인 9시 00분부터 15시 30분 사이에 실시간으로 TB_TRD_JONGMOK(거래종목) 테이블에서 매수대상 종목의 종목코드, 매수금액, 매수가를 조회하여 매수주문을 하는 내용을 구현하겠습니다. 예를 들어, LG전자의 현재가가 11만 원, 매수금액이 100만 원, 매수가가 10만 원이라면 주문주식 수는 10주가 됩니다. 매수주문을 하기 전에 이미 보유한 종목이라면 매수주문을 하면 안 되고, 주문을 한 상태인데 체결이 되지 않았을 때도 매수주문을 하면 안 됩니다.

## 14.1 매수대상 거래종목 조회

매수대상 거래종목을 조회하는 real_buy_ord 메서드를 구현하고 m_thread1 메서드에서 해당 메서드를 호출하겠습니다.

1. TB_TRD_JONGMOK 테이블을 조회하는 real_buy_ord 메서드를 다음과 같이 구현합니다.

```
public void real_buy_ord() // 실시간 매수주문 메서드
{
    OracleCommand cmd = null;
    OracleConnection conn = null;
    String sql = null;
    OracleDataReader reader = null;

    string l_jongmok_cd = null;
```

```
int l_buy_amt = 0;
int l_buy_price = 0;

conn = null;
conn = connect_db();

sql = null;
cmd = null;
reader = null;

cmd = new OracleCommand();
cmd.Connection = conn;
cmd.CommandType = CommandType.Text;

// 거래종목 테이블 조회
sql = @"                        " +
      " SELECT                 " +
      "       A.JONGMOK_CD,    " +
      "       A.BUY_AMT,       " +
      "       A.BUY_PRICE      " +
      " FROM TB_TRD_JONGMOK A " +
      " WHERE A.USER_ID = " + "'" + g_user_id + "'" +
      " AND A.BUY_TRD_YN = 'Y' " +
      " ORDER BY A.PRIORITY ";

cmd.CommandText = sql;
reader = cmd.ExecuteReader();

while (reader.Read())
{
    l_jongmok_cd = "";
    l_buy_amt = 0;
    l_buy_price = 0;

    l_jongmok_cd = reader[0].ToString().Trim(); // 종목코드
    l_buy_amt = int.Parse(reader[1].ToString().Trim()); // 매수금액
    l_buy_price = int.Parse(reader[2].ToString().Trim()); // 매수가

    int l_buy_price_tmp = 0;
    l_buy_price_tmp = get_hoga_unit_price(l_buy_price, l_jongmok_cd, 1); //
매수호가 구하기

    int l_buy_ord_stock_cnt = 0;
    l_buy_ord_stock_cnt = (int)(l_buy_amt / l_buy_price_tmp); // 매수주문 주식
수 구하기
```

```
        write_msg_log("종목코드 : [" + l_jongmok_cd.ToString() + "]\n", 0);
        write_msg_log("종목명 : [" + get_jongmok_nm(l_jongmok_cd) + "]\n", 0);
        write_msg_log("매수금액 : [" + l_buy_amt.ToString() + "]\n", 0);
        write_msg_log("매수가 : [" + l_buy_price_tmp.ToString() + "]\n", 0);
    }

    reader.Close();
    conn.Close();
}
```

2. m_thread1 메서드 중 9시 00분 이후에 실행되는 로직 부분에서 real_buy_
   ord 메서드를 호출합니다.

실시간 매수주문 메서드 호출

```
for (;;) // 첫 번째 무한루프의 시작
{
    l_cur_tm = get_cur_tm(); // 현재시각 조회
    if (l_cur_tm.CompareTo("083001") >= 0) // 8시 30분 이후라면 테스트용 시간:
000000 장 운영시간: 083001
    {
        // 계좌조회, 계좌정보 조회, 보유종목 매도주문 수행
        if (l_set_tb_accnt_flag == 0) // 호출 전
        {
            l_set_tb_accnt_flag = 1; // 호출로 설정
            set_tb_accnt(); // 호출
        }
        if (l_set_tb_accnt_info_flag == 0)
        {
            set_tb_accnt_info(); // 계좌정보 테이블 설정
            l_set_tb_accnt_info_flag = 1;
        }
        if (l_sell_ord_first_flag == 0)
        {
            sell_ord_first(); // 보유종목 매도
            l_set_tb_accnt_info_flag = 1;
        }
    }

    if (l_cur_tm.CompareTo("090001") >= 0) // 09시 이후라면 테스트용 시간: 000000 장
운영시간: 090001
```

```
    {
        for (;;) // 두 번째 무한루프 시작
        {
            l_cur_tm = get_cur_tm(); // 현재시각 조회
            if (l_cur_tm.CompareTo("153001") >= 0) // 15시 30분 이후라면 테스트용 시
간: 235959 장 운영시간: 153001
            {
                break; // 두 번째 무한루프를 빠져나감
            }
            // 장 운영시간이므로 매수 또는 매도주문
            real_buy_ord(); // 실시간 매수주문 메서드 호출
```

## 14.2 매수대상 매수주문

이번에는 매수대상 종목의 종목코드, 매수가, 매수주문 주식수대로 매수주문
하는 부분을 구현합니다. real_buy_ord 메서드의 while 문에 있는 Open
API의 SendOrder 함수를 호출하여 매수주문을 하고, 주문 응답이 정상이면
DisconnectRealData 함수를 호출하여 주문 요청을 완료합니다.

**실시간 매수주문 메서드에서 매수주문 함수 호출**

```
write_msg_log("종목코드 : [" + l_jongmok_cd.ToString() + "]\n", 0);
        write_msg_log("종목명 : [" + get_jongmok_nm(l_jongmok_cd) + "]\n", 0);
        write_msg_log("매수금액 : [" + l_buy_amt.ToString() + "]\n", 0);
        write_msg_log("매수가 : [" + l_buy_price_tmp.ToString() + "]\n", 0);

g_flag_3 = 0;
g_rqname = "매수주문";

String l_scr_no = null;
l_scr_no = "";
l_scr_no = get_scr_no();

int ret = 0;
// 매수주문 요청
ret = axKHOpenAPI1.SendOrder("매수주문", l_scr_no, g_accnt_no,
                    1, l_jongmok_cd, l_buy_ord_stock_cnt,
                    l_buy_price, "00", "");
```

```
if (ret == 0)
{
    write_msg_log("매수주문 SendOrder() 호출 성공\n", 0);
    write_msg_log("종목코드 : [" + l_jongmok_cd + "]\n", 0);
}
else
{
    write_msg_log("매수주문 SendOrder() 호출 실패\n", 0);
    write_msg_log("i_jongmok_cd : [" + l_jongmok_cd + "]\n", 0);
}

delay(200); // 0.2초 지연

for (;;)
{
    if (g_flag_3 == 1)
    {
        delay(200);
        axKHOpenAPI1.DisconnectRealData(l_scr_no);
        break;
    }
    else
        {
            write_msg_log("'매수주문' 완료 대기 중...\n", 0);
            delay(200);
            break;
        }
    }
    axKHOpenAPI1.DisconnectRealData(l_scr_no);
    delay(1000);   // 1초 지연
} // while (reader.Read()) 종료
```

## 14.3 매수주문 전 계좌정보 확인

매수대상 종목을 조회하고 매수주문을 하기 전에 주문하려는 종목이 TB_ACCNT_INFO(계좌정보) 테이블에 존재한다면(이미 보유한 종목이라면) 매수주문을 내지 않아야 합니다. 이 부분은 종목코드를 입력값으로 받아 보유주식수를 리턴하는

get_own_stock_cnt 메서드를 구현하고 해당 메서드를 real_buy_ord에서 호출하면 됩니다.

1. Form1 클래스에 get_own_stock_cnt 메서드를 구현합니다.

```
public int get_own_stock_cnt(string i_jongmok_cd) // 보유주식수 가져오기 메서드
{
    OracleCommand cmd = null;
    OracleConnection conn = null;
    String sql = null;
    OracleDataReader reader = null;

    int l_own_stock_cnt = 0;

    conn = null;
    conn = connect_db();

    sql = null;
    cmd = null;
    reader = null;

    cmd = new OracleCommand();
    cmd.Connection = conn;
    cmd.CommandType = CommandType.Text;

    // 계좌정보 테이블 조회
    sql = @"
        SELECT
            NVL(MAX(OWN_STOCK_CNT), 0) OWN_STOCK_CNT
            FROM
            TB_ACCNT_INFO
            WHERE USER_ID = " + "'" + g_user_id + "'" +
            " AND JONGMOK_CD = " + "'" + i_jongmok_cd + "'" +
            " AND ACCNT_NO = " + "'" + g_accnt_no + "'" +
            " AND REF_DT = TO_CHAR(SYSDATE, 'YYYYMMDD') ";

    cmd.CommandText = sql;

    reader = cmd.ExecuteReader();
    reader.Read();

    l_own_stock_cnt = int.Parse(reader[0].ToString()); // 보유주식수 구하기

    reader.Close();
    conn.Close();

    return l_own_stock_cnt;
}
```

2. real_buy_ord 메서드에서 get_own_stock_cnt 메서드를 호출하여 TB_
ACCNT_INFO 테이블에 존재하는 종목이라면 매수하지 않게 합니다.

**매수주문 전 계좌정보 확인**

```
while (reader.Read()){

    l_jongmok_cd = "";
    l_buy_amt = 0;
    l_buy_price = 0;

    l_jongmok_cd = reader[0].ToString().Trim(); // 종목코드
    l_buy_amt = int.Parse(reader[1].ToString().Trim()); // 매수금액
    l_buy_price = int.Parse(reader[2].ToString().Trim()); // 매수가

    int l_buy_price_tmp = 0;
    l_buy_price_tmp = get_hoga_unit_price(l_buy_price, l_jongmok_cd, 0); // 매수
호가 구하기

    int l_buy_ord_stock_cnt = 0;
    l_buy_ord_stock_cnt = (int)(l_buy_amt / l_buy_price_tmp); // 매수주문 주식수 구하기

    write_msg_log("종목코드 : [" + l_jongmok_cd.ToString() + "]\n", 0);
    write_msg_log("종목명 : [" + get_jongmok_nm(l_jongmok_cd) + "]\n", 0);
    write_msg_log("매수금액 : [" + l_buy_amt.ToString() + "]\n", 0);
    write_msg_log("매수가 : [" + l_buy_price_tmp.ToString() + "]\n", 0);

    int l_own_stock_cnt = 0;
    l_own_stock_cnt = get_own_stock_cnt(l_jongmok_cd); // 해당 종목 보유주식수 구하기
    write_msg_log("보유주식수 : [" + l_own_stock_cnt.ToString() + "]\n", 0);

    if (l_own_stock_cnt > 0) // 해당 종목을 보유 중이라면 매수하지 않음
    {
        write_msg_log("해당 종목을 보유 중이므로 매수하지 않음\n", 0);
        continue;
    }

    g_flag_3 = 0;
    g_rqname = "매수주문";

    String l_scr_no = null;
    l_scr_no = "";
    l_scr_no = get_scr_no();

    int ret = 0;

    // 매수주문 요청
    ret = axKHOpenAPI1.SendOrder("매수주문", l_scr_no, g_accnt_no,
                                 1, l_jongmok_cd, l_buy_ord_stock_cnt,
                                 l_buy_price, "00", "");
```

## 14.4 매수주문 전 미체결 매수주문 확인

이번에는 매수주문을 하기 전에 해당 종목에 대한 미체결 매수주문이 있는지 확인하여 미체결 매수주문이 있다면 매수주문을 하지 않게 하겠습니다.

TB_ORD_LST(주문내역) 테이블과 TB_CHEGYUL_LST(체결내역) 테이블을 조인하고, 이 테이블을 조회하여 미체결된 매수주문이 있는지 확인하는 get_buy_not_chegyul_yn 메서드 구현합니다. 그다음 해당 메서드를 real_buy_ord 메서드에서 호출하여 미체결 매수주문이 있다면 매수주문을 하지 않습니다.

1. Form1 클래스에 다음과 같이 get_buy_not_chegyul_yn 메서드를 구현합니다.

```
public string get_buy_not_chegyul_yn(string i_jongmok_cd) // 미체결 매수주문 여부
가져오기 메서드
{
    OracleCommand cmd = null;
    OracleConnection conn = null;
    String sql = null;
    OracleDataReader reader = null;

    int l_buy_not_chegyul_ord_stock_cnt = 0;
    string l_buy_not_chegyul_yn = null;

    conn = null;
    conn = connect_db();

    sql = null;
    cmd = null;
    reader = null;

    cmd = new OracleCommand();
    cmd.Connection = conn;
    cmd.CommandType = CommandType.Text;

    // 주문내역과 체결내역 테이블 조회
    sql = @"
        select
            nvl(sum(ord_stock_cnt - CHEGYUL_STOCK_CNT), 0) buy_not_chegyul_ord_
stock_cnt
        from
        (
            select ord_stock_cnt ord_stock_cnt,
```

```
                    ( select nvl(max(b.CHEGYUL_STOCK_CNT), 0) CHEGYUL_STOCK_CNT
                      from tb_chegyul_lst b
                      where b.user_id = a.user_id
                      and b.accnt_no = a.accnt_no
                      and b.ref_dt = a.ref_dt
                      and b.jongmok_cd = a.jongmok_cd
                      and b.ord_gb = a.ord_gb
                      and b.ord_no = a.ord_no
                    ) CHEGYUL_STOCK_CNT
              from
              TB_ORD_LST a
              where a.ref_dt = TO_CHAR(SYSDATE, 'YYYYMMDD')
              and a.user_id = " + "'" + g_user_id + "'" +
              " and a.ACCNT_NO = " + "'" + g_accnt_no + "'" +
              " and a.jongmok_cd = " + "'" + i_jongmok_cd + "'" +
              " and a.ord_gb = '2' "+
              " and a.org_ord_no = '0000000' "+
              " and not exists ( select '1' "+
              "                  from TB_ORD_LST b "+
              "                  where b.user_id = a.user_id "+
              "                  and b.accnt_no = a.accnt_no "+
              "                  and b.ref_dt = a.ref_dt "+
              "                  and b.jongmok_cd = a.jongmok_cd "+
              "                  and b.ord_gb = a.ord_gb "+
              "                  and b.org_ord_no = a.ord_no "+
        " ) "+
   " ) x ";

cmd.CommandText = sql;

reader = cmd.ExecuteReader();
reader.Read();

l_buy_not_chegyul_ord_stock_cnt = int.Parse(reader[0].ToString()); // 미체결
매수주문 주식수 구하기

reader.Close();
conn.Close();

if (l_buy_not_chegyul_ord_stock_cnt > 0)
{
    l_buy_not_chegyul_yn = "Y";
}
else
{
    l_buy_not_chegyul_yn = "N";
}
```

```
        return l_buy_not_chegyul_yn;
}
```

2. real_buy_ord 메서드에서 매수주문을 하기 전에 get_buy_not_chegyul_
   yn 메서드를 호출하여 미체결 매수주문이 있는지 확인하고 미체결 매수주문이
   있다면 매수하지 않게 구현합니다.

매수주문 전 미체결 매수주문 확인

```
write_msg_log("종목코드 : [" + l_jongmok_cd.ToString() + "]\n", 0);
        write_msg_log("종목명 : [" + get_jongmok_nm(l_jongmok_cd) + "]\n", 0);
        write_msg_log("매수금액 : [" + l_buy_amt.ToString() + "]\n", 0);
        write_msg_log("매수가 : [" + l_buy_price_tmp.ToString() + "]\n", 0);

int l_own_stock_cnt = 0;
l_own_stock_cnt = get_own_stock_cnt(l_jongmok_cd); // 해당 종목 보유주식수 구하기
write_msg_log("보유주식수 : [" + l_own_stock_cnt.ToString() + "]\n", 0);

if (l_own_stock_cnt > 0) // 해당 종목을 보유 중이라면 매수하지 않음
{
    write_msg_log("해당 종목을 보유 중이므로 매수하지 않음\n", 0);
    continue;
}

string l_buy_not_chegyul_yn = null;
l_buy_not_chegyul_yn = get_buy_not_chegyul_yn(l_jongmok_cd); // 미체결 매수주문 여부 확인

if (l_buy_not_chegyul_yn == "Y") // 미체결 매수주문이 있으므로 매수하지 않음
{
    write_msg_log("해당 종목에 미체결 매수주문이 있으므로 매수하지 않음 \n", 0);
    continue;
}

g_flag_3 = 0;
g_rqname = "매수주문";

String l_scr_no = null;
l_scr_no = "";
l_scr_no = get_scr_no();

int ret = 0;

// 매수주문 요청
ret = axKHOpenAPI1.SendOrder("매수주문", l_scr_no, g_accnt_no,
                             1, l_jongmok_cd, l_buy_ord_stock_cnt,
                             l_buy_price, "00", "");
```

## 14.5 매수주문 전 최우선 매수호가 확인

매수주문을 하기 전에 최우선 매수호가를 확인하여 매수가가 최우선 매수호가보다 높다면 매수주문을 하지 않아야 합니다. '최우선 매수호가'란 해당 주식을 매수하려는 가격 중 가장 비싼 호가를 말합니다. 즉, 현재가가 10,000원인 주식의 매수호가 중 가장 비싼 가격이 9,990원이라면 이 가격이 최우선 매수호가가 됩니다. 매수가가 최우선 매수호가보다 높다면 현재 시세보다 더 비싸게 매수하게 되므로 손실이 날 확률이 높습니다. 이러한 점을 미리 방지하기 위해 매수대상 종목의 최우선 매수호가를 조회하여 매수하려는 가격이 최우선 매수호가보다 높다면 주문하지 않게 하겠습니다.

1. Form1 클래스에 최우선 매수호가 조회 플래그 변수와 최우선 매수호가 변수를 선언하고, 매수대상 종목의 매수가가 최우선 매수호가보다 높은지 확인합니다.

```
int g_buy_hoga = 0; // 최우선 매수호가 저장 변수
int g_flag_7 = 0; // 최우선 매수호가 플래스 변수가 1이면 조회 완료
```

2. 미체결 매수주문 확인 메서드인 get_buy_not_chegyul_yn을 호출한 바로 뒤에 다음 소스 코드를 추가하여 최우선 매수호가를 조회합니다.

```
int l_for_flag = 0;
int l_for_cnt = 0;
l_for_flag = 0;
g_buy_hoga = 0;
for (;;)
{
    g_rqname = "";
    g_rqname = "호가조회";
    g_flag_7 = 0;
    axKHOpenAPI1.SetInputValue("종목코드", l_jongmok_cd);

    string l_scr_no_2 = null;
    l_scr_no_2 = "";
```

```
l_scr_no_2 = get_scr_no();

axKHOpenAPI1.CommRqData("호가조회", "opt10004", 0, l_scr_no_2);

try
{
    l_for_cnt = 0;
    for (;;)
    {
        if (g_flag_7 == 1)
        {
            delay(200);
            axKHOpenAPI1.DisconnectRealData(l_scr_no_2);
            l_for_flag = 1;
            break;
        }
        else
        {
            write_msg_log("'호가조회' 완료 대기 중...\n", 0);
            delay(200);
            l_for_cnt++;
            if (l_for_cnt == 5)
            {
                l_for_flag = 0;
                break;
            }
            else
            {
                continue;
            }
        }
    }
}
catch (Exception ex)
{
    write_err_log("real_buy_ord() 호가조회 ex.Message : [" + ex.Message + "]\n", 0);
}

axKHOpenAPI1.DisconnectRealData(l_scr_no_2);

if (l_for_flag == 1)
{
    break;
```

```
    }
    else if (l_for_flag == 0)
    {
        delay(200);
        continue;
    }
    delay(200);
}
```

3. axKHOpenAPI1_OnReceiveTrData 이벤트 메서드에서 요청명을 확인하는 부분에 다음 case 문을 추가합니다.

```
private void axKHOpenAPI1_OnReceiveTrData(object sender, AxKHOpenAPILib._
DKHOpenAPIEvents_OnReceiveTrDataEvent e) // Open API 요청에 대한 응답 이벤트 메서드
{
    if (g_rqname.CompareTo(e.sRQName) == 0) // 요청한 요청명과 Open API로부터 응답
받은 요청명이 같다면
    {
        ; // 다음으로 진행
    }
    else // 요청한 요청명과 Open API로부터 응답받은 요청명이 같지 않다면
    {
        write_err_log("요청한 TR  : [" + g_rqname + "]\n", 0);
        write_err_log("응답받은 TR : [" + e.sRQName + "]\n", 0);

        switch (g_rqname)
        {
            case "증거금세부내역조회요청":
                g_flag_1 = 1; // g_flag_1을 1로 세팅하여 요청하는 쪽이 무한루프에 빠지
지 않게 방지함
                break;
            case "계좌평가현황요청":
                g_flag_2 = 1; // g_flag_2을 1로 세팅하여 요청하는 쪽이 무한루프에 빠지
지 않게 방지함
                break;
            case "호가조회":
                g_flag_7 = 1;
                break;
```

4. axKHOpenAPI1_OnReceiveTrData 메서드에 '최우선 매수호가 조회' 요청에
   대한 조건을 추가합니다.

```
if (e.sRQName == "호가조회")
{
    int cnt = 0;
    int ii = 0;
    int l_buy_hoga = 0;

    cnt = axKHOpenAPI1.GetRepeatCnt(e.sTrCode, e.sRQName);

    for (ii = 0; ii < cnt; ii++)
    {
        l_buy_hoga = int.Parse(axKHOpenAPI1.CommGetData(e.sTrCode, "",
e.sRQName, ii, "매수최우선호가").Trim());
        l_buy_hoga = System.Math.Abs(l_buy_hoga);
    }

    g_buy_hoga = l_buy_hoga;

    axKHOpenAPI1.DisconnectRealData(e.sScrNo);
    g_flag_7 = 1;
}
```

5. 매수주문 전에 매수가와 최우선 매수호가를 비교하여 매수가가 더 크다면 매
   수하지 않도록 다음 소스 코드를 매수주문 바로 전에 추가합니다.

```
if(l_buy_price > g_buy_hoga)
{
    write_msg_log("해당 종목의 매수가가 최우선 매수호가보다 크므로 매수주문하지 않음 \n", 0);
    continue;
}
g_flag_3 = 0;
g_rqname = "매수주문";

String l_scr_no = null;
l_scr_no = "";
l_scr_no = get_scr_no();
```

```
int ret = 0;

// 매수주문 요청
ret = axKHOpenAPI1.SendOrder("매수주문", l_scr_no, g_accnt_no,
                             1, l_jongmok_cd, l_buy_ord_stock_cnt,
                             l_buy_price, "00", "");

if (ret == 0)
{
    write_msg_log("매수주문 SendOrder() 호출 성공\n", 0);
    write_msg_log("종목코드 : [" + l_jongmok_cd + "]\n", 0);
}
else
{
    write_msg_log("매수주문 SendOrder() 호출 실패\n", 0);
    write_msg_log("i_jongmok_cd : [" + l_jongmok_cd + "]\n", 0);
}
```

# chapter 15

# 실시간 매도주문

자동매매 시스템은 사용자가 보유한 종목을 목표가에 미리 매도주문함으로써 수익실현 확률을 높일 수 있습니다.

실시간 매수주문이 체결되면 TB_ACCNT_INFO(계좌정보) 테이블이 갱신 또는 삽입 (MERGE)되는데, 이 테이블과 TB_TRD_JONGMOK(거래종목) 테이블을 조인하여 실시간 매도주문을 합니다.

## 15.1 실시간 매도대상 종목 조회

실시간 매도대상 종목을 조회하는 real_sell_ord 메서드를 구현하겠습니다. 실시간 매도대상 종목은 TB_ACCNT_INFO 테이블에 존재하며 TB_TRD_JONGMOK 테이블에도 있습니다.

1. Form1 클래스에 다음과 같이 real_sell_ord 메서드를 구현합니다.

```
public void real_sell_ord() // 실시간 매도주문 메서드
{
    OracleCommand cmd = null;
    OracleConnection conn = null;
    String sql = null;
    OracleDataReader reader = null;

    string l_jongmok_cd = null;
    int l_target_price = 0;
    int l_own_stock_cnt = 0;
```

```
write_msg_log("real_sell_ord 시작\n", 0);
conn = null;
conn = connect_db();

sql = null;
cmd = null;
reader = null;

cmd = new OracleCommand();
cmd.Connection = conn;
cmd.CommandType = CommandType.Text;

// 거래종목 및 계좌정보 테이블 조회
sql = @" SELECT " +
    "       A.JONGMOK_CD, " +
    "       A.TARGET_PRICE " +
    "       B.OWN_STOCK_CNT " +
    " FROM " +
    "       TB_TRD_JONGMOK A, " +
    "       TB_ACCNT_INFO B " +
    " WHERE A.USER_ID = " + "'" + g_user_id + "'" +
    " AND A.JONGMOK_CD = B.JONGMOK_CD " +
    " AND B.ACCNT_NO " + "'" + g_accnt_no + "'" +
    " AND B.REF_DT = TO_CHAR(SYSDATE, 'YYYYMMDD') " +
    " AND A.SELL_TRD_YN = 'Y' AND B.OWN_STOCK_CNT > 0 ";

cmd.CommandText = sql;
reader = cmd.ExecuteReader();

while (reader.Read())
{
    l_jongmok_cd = "";
    l_target_price = 0;

    l_jongmok_cd = reader[0].ToString().Trim();
    l_target_price = int.Parse(reader[1].ToString().Trim());
    l_own_stock_cnt = int.Parse(reader[2].ToString().Trim());

    write_msg_log("종목코드 : [" + l_jongmok_cd + "]\n", 0);
    write_msg_log("종목명 : [" + get_jongmok_nm(l_jongmok_cd) + "]\n", 0);
    write_msg_log("목표가 : [" + l_target_price.ToString() + "]\n", 0);
    write_msg_log("보유주식수 : [" + l_own_stock_cnt.ToString() + "]\n", 0);
}
reader.Close();
conn.Close();
}
```

2. m_thread1 메서드의 real_buy_ord 메서드와 delay 메서드가 호출된 바로
뒷부분에서 real_sell_ord 메서드를 호출합니다.

```
public void m_thread1() // 스레드 메서드
{
    string l_cur_tm = null;

    int l_set_tb_accnt_flag = 0; // 1이면 호출 완료
    int l_set_tb_accnt_info_flag = 0; // 1이면 호출 완료
    int l_sell_ord_first_flag = 0; // 1이면 호출 완료

    if (g_is_thread == 0) // 최초 스레드 생성
    {
        g_is_thread = 1; // 중복 스레드 생성방지
        write_msg_log("자동매매가 시작되었습니다.\n", 0);
    }

    for (;;) // 첫 번째 무한루프 시작
    {
        l_cur_tm = get_cur_tm();// 현재시각 조회
        if (l_cur_tm.CompareTo("083001") >= 0) // 8시 30분 이후라면 테스트용 시간:
000000 장 운영시간: 083001
        {
            // 계좌조회, 계좌정보 조회, 보유종목 매도주문 수행
            if (l_set_tb_accnt_flag == 0) // 호출 전
            {
                l_set_tb_accnt_flag = 1; // 호출로 설정
                set_tb_accnt(); // 호출
            }
            if (l_set_tb_accnt_info_flag == 0)
            {
                set_tb_accnt_info(); // 계좌정보 테이블 설정
                l_set_tb_accnt_info_flag = 1;
            }
            if (l_sell_ord_first_flag == 0)
            {
                sell_ord_first(); // 보유종목 매도
                l_set_tb_accnt_info_flag = 1;
            }
        }
```

```
        if (l_cur_tm.CompareTo("090001") >= 0) // 9시 이후라면 테스트용 시간: 000000
장 운영시간: 090001
        {
            for (;;) // 두 번째 무한루프 시작
            {
                l_cur_tm = get_cur_tm(); // 현재시각 조회
                if (l_cur_tm.CompareTo("153001") >= 0) // 15시 30분 이후라면 테스트
용 시간: 235959 장 운영시간: 153001
                {
                    break; // 두 번째 무한루프를 빠져나감
                }
                // 장 운영시간 중이므로 매수 또는 매도주문
                real_buy_ord(); // 실시간 매수주문 메서드 호출

                delay(200); // 0.2초 지연

                real_sell_ord(); // 실시간 매도주문 메서드 호출
```

3. TB_ACCNT_INFO 테이블과 TB_TRD_JONGMOK 테이블을 조인하여 현재 보유한
   종목에 대한 종목코드, 목표가, 보유주식수를 가져옵니다. 이미 매도주문한 종
   목인지 확인하기 위해 미체결 매도주문을 확인합니다. 예를 들어, 보유주식수
   가 10주고 미체결 매도주문 주식수가 1주라면 9주만 매도주문하고, 보유주식
   수가 10주고 미체결 매도주문 주식수가 0주라면 10주를 매도주문합니다. 이
   를 수행하는 get_sell_not_chegyul_ord_stock_cnt 메서드를 다음과 같
   이 구현합니다.

```
public int get_sell_not_chegyul_ord_stock_cnt(string i_jongmok_cd) // 미체결 매
도주문 주식수 가져오기 메서드
{
    OracleCommand cmd = null;
    OracleConnection conn = null;
    String sql = null;
    OracleDataReader reader = null;

    int l_sell_not_chegyul_ord_stock_cnt = 0;

    conn = null;
    conn = connect_db();
```

```
        sql = null;
        cmd = null;
        reader = null;

        cmd = new OracleCommand();
        cmd.Connection = conn;
        cmd.CommandType = CommandType.Text;

        // 주문내역과 체결내역 테이블 조회
        sql = @"
            select
                nvl(sum(ord_stock_cnt - CHEGYUL_STOCK_CNT), 0) sell_not_chegyul_
ord_stock_cnt
            from
            (
            select
                ord_stock_cnt ord_stock_cnt,
                ( select nvl(max(b.CHEGYUL_STOCK_CNT), 0) CHEGYUL_STOCK_CNT
                  from tb_chegyul_lst b
                  where b.user_id = a.user_id
                  and b.accnt_no = a.accnt_no
                  and b.ref_dt = a.ref_dt
                  and b.jongmok_cd = a.jongmok_cd
                  and b.ord_gb = a.ord_gb
                  and b.ord_no = a.ord_no
                ) CHEGYUL_STOCK_CNT
            from TB_ORD_LST a
            where a.ref_dt = TO_CHAR(SYSDATE, 'YYYYMMDD')
            and a.user_id = " + "'" + g_user_id + "'" +
            " and a.jongmok_cd = " + "'" + i_jongmok_cd + "'" +
            " and a.ACCNT_NO = " + "'" + g_accnt_no + "'" +
            " and a.ord_gb = '1' " +
            " and a.org_ord_no = '0000000' " +
            " and not exists ( select '1' " +
            "                    from TB_ORD_LST b " +
            "                    where b.user_id = a.user_id " +
            "                    and b.accnt_no = a.accnt_no " +
            "                    and b.ref_dt = a.ref_dt " +
            "                    and b.jongmok_cd = a.jongmok_cd " +
            "                    and b.ord_gb = a.ord_gb " +
            "                    and b.org_ord_no = a.ord_no " +
            "                    )) ";
```

```
    cmd.CommandText = sql;

    reader = cmd.ExecuteReader();
    reader.Read();

    l_sell_not_chegyul_ord_stock_cnt = int.Parse(reader[0].ToString()); // 미체결
매도주문 주식수 가져오기

    reader.Close();
    conn.Close();

    return l_sell_not_chegyul_ord_stock_cnt;
}
```

4. real_sell_ord 메서드에서 get_sell_not_chegyul_ord_stock_cnt 메
   서드를 호출하여 보유주식수와 미체결 매도주문 주식수가 같으면 이미 매도주
   문이 들어간 종목이므로 매도주문하지 않고, 보유주식수와 미체결 매도주문
   주식수가 다르다면 보유주식수에서 미체결 매도주문 주식수를 뺀 수를 매도주
   문 주식수로 설정합니다.

**미체결 매도주문 주식수 구하기**

```
while (reader.Read())
{
    l_jongmok_cd = "";
    l_target_price = 0;

    l_jongmok_cd = reader[0].ToString().Trim();
    l_target_price = int.Parse(reader[1].ToString().Trim());
    l_own_stock_cnt = int.Parse(reader[2].ToString().Trim());

    write_msg_log("종목코드 : [" + l_jongmok_cd + "]\n", 0);
    write_msg_log("종목명 : [" + get_jongmok_nm(l_jongmok_cd) + "]\n", 0);
    write_msg_log("목표가 : [" + l_target_price.ToString() + "]\n", 0);
    write_msg_log("보유주식수 : [" + l_own_stock_cnt.ToString() + "]\n", 0);

    int l_sell_not_chegyul_ord_stock_cnt = 0;
    l_sell_not_chegyul_ord_stock_cnt = get_sell_not_chegyul_ord_stock_cnt(l_
jongmok_cd); // 미체결 매도주문 주식수 구하기

    if (l_sell_not_chegyul_ord_stock_cnt == l_own_stock_cnt) // 미체결 매도주문 주
식수와 보유주식수가 같으면 기 주문종목이므로 매도주문하지 않음
```

```
    {
        continue;
    }
    else // 미체결 매도주문 주식수와 보유주식수가 같지 않으면 아직 매도하지 않은 종목임
    {
        int l_sell_ord_stock_cnt_tmp = 0;
        l_sell_ord_stock_cnt_tmp = l_own_stock_cnt - l_sell_not_chegyul_ord_
stock_cnt; // 보유주식수에서 미체결 매도주문 주식수를 빼서 매도주문 주식수를 구함

        if(l_sell_ord_stock_cnt_tmp <= 0) // 매도대상 주식수가 0 이하라면 매도하지 않음
        {
            continue;
        }
    }
} // while (reader.Read()) 종료
```

## 15.2 매도주문 주식수로 매도주문

앞에서 매도주문 주식수를 구하였습니다. 이 매도주문 주식수로 매도주문을 합
니다. 보유주식수와 미체결 매도주문 주식수가 같지 않은 조건일 때 get_hoga_
unit_price 메서드를 호출하여 매도주문가의 호가가격단위를 구합니다. 그런
다음 Open API의 SendOrder 함수를 호출하여 매도주문합니다.

**real_sell_ord 메서드에서 매도주문 요청**

```
else // 미체결 매도주문 주식수와 보유주식수가 같지 않다면 아직 매도하지 않은 종목임
{
    int l_sell_ord_stock_cnt_tmp = 0;
    l_sell_ord_stock_cnt_tmp = l_own_stock_cnt - l_sell_not_chegyul_ord_stock_
cnt; //보유주식수에서 매도미체결주식수를 빼서 매도주문주식수를 구함

    if(l_sell_ord_stock_cnt_tmp <= 0) // 매도대상 주식수가 0 이하라면 매도하지 않음
    {
        continue;
    }

    int l_new_target_price = 0;
    l_new_target_price = get_hoga_unit_price(l_target_price, l_jongmok_cd, 0);
```

```
// 매도호가를 구함
   g_flag_4 = 0;
   g_rqname = "매도주문";

   String l_scr_no = null;
   l_scr_no = "";
   l_scr_no = get_scr_no();

   int ret = 0;

   // 매도주문 요청
   ret = axKHOpenAPI1.SendOrder("매도주문", l_scr_no, g_accnt_no,
                               2, l_jongmok_cd, l_sell_ord_stock_cnt_tmp,
                               l_new_target_price, "00", "");

   if (ret == 0)
   {
       write_msg_log("매도주문 Sendord() 호출 성공\n", 0);
       write_msg_log("종목코드 : [" + l_jongmok_cd + "]\n", 0);
   }
   else
   {
       write_msg_log("매도주문 Sendord() 호출 실패\n", 0);
       write_msg_log("i_jongmok_cd : [" + l_jongmok_cd + "]\n", 0);
   }
   delay(200); // 0.2초 지연

   for (;;)
   {
       if (g_flag_4 == 1)
       {
           delay(200);
           axKHOpenAPI1.DisconnectRealData(l_scr_no);
           break;
       }
       else
       {
           write_msg_log("'매도주문' 완료 대기중...\n", 0);
           delay(200);
           break;
       }
   }
}
axKHOpenAPI1.DisconnectRealData(l_scr_no);
```

# chapter 16

# 실시간 손절주문

TB_TRD_JONGMOK(거래종목) 테이블에 지정한 가격대로 매수주문과 매도주문이 체결되어 수익이 나는 것이 가장 좋은 시나리오입니다. 하지만 주식은 언제나 하락할 위험이 있고, 한번 떨어지면 지속해서 떨어지는 성질이 있으므로 손실을 줄이는 것이 매우 중요합니다.

이번 장에서는 보유한 종목의 현재가를 TB_ACCNT_INFO(계좌정보) 테이블에서 반복 조회하여 현재가가 손절가를 이탈하면 시장가로 매도주문을 하게 구현하겠습니다.

## 16.1 실시간 손절주문 대상 조회

1. TB_ACCNT_INFO 테이블과 TB_TRD_JONGMOK 테이블을 조인하여 보유한 종목을 조회하는 real_cut_loss_ord 메서드를 Form1 클래스에 구현합니다. 해당 메서드는 보유한 종목들의 현재가를 조회하여 현재가가 손절가를 이탈한다면 시장가로 손절주문을 합니다.

```
public void real_cut_loss_ord() // 실시간 손절주문 메서드
{
    OracleCommand cmd = null;
    OracleConnection conn = null;
    String sql = null;
    OracleDataReader reader = null;

    string l_jongmok_cd = null;
```

```csharp
int l_cut_loss_price = 0;
int l_own_stock_cnt = 0;

write_msg_log("real_cut_loss_ord 시작\n", 0);
conn = null;
conn = connect_db();

sql = null;
cmd = null;
reader = null;

cmd = new OracleCommand();
cmd.Connection = conn;
cmd.CommandType = CommandType.Text;

// 거래종목과 계좌정보 테이블 조회
sql = @" SELECT " +
        "       A.JONGMOK_CD, " +
        "       A.CUT_LOSS_PRICE, " +
        "       B.OWN_STOCK_CNT " +
        " FROM " +
        "       TB_TRD_JONGMOK A, " +
        "       TB_ACCNT_INFO B " +
        " WHERE A.USER_ID = " + "'" + g_user_id + "'" +
        " AND A.JONGMOK_CD = B.JONGMOK_CD " +
        " AND B.ACCNT_NO " + "'" + g_accnt_no + "'" +
        " AND B.REF_DT = TO_CHAR(SYSDATE, 'YYYYMMDD') " +
        " AND A.SELL_TRD_YN = 'Y' AND B.OWN_STOCK_CNT > 0 ";

cmd.CommandText = sql;
reader = cmd.ExecuteReader();

while (reader.Read())
{
    l_jongmok_cd = "";
    l_cut_loss_price = 0;

    l_jongmok_cd = reader[0].ToString().Trim();
    l_cut_loss_price = int.Parse(reader[1].ToString().Trim());
    l_own_stock_cnt = int.Parse(reader[2].ToString().Trim());

    write_msg_log("종목코드 : [" + l_jongmok_cd + "]\n", 0);
    write_msg_log("종목명 : [" + get_jongmok_nm(l_jongmok_cd) + "]\n", 0);
    write_msg_log("손절가 : [" + l_cut_loss_price.ToString() + "]\n", 0);
    write_msg_log("보유주식수 : [" + l_own_stock_cnt.ToString() + "]\n", 0);
```

```
    } //while() 종료

    reader.Close();
    conn.Close();
}
```

## 2. m_thread1 메서드에서 real_cut_loss_ord 메서드를 호출합니다.

**실시간 손절주문 메서드 호출**

```
for (;;) // 첫 번째 무한루프 시작
{
    l_cur_tm = get_cur_tm(); // 현재시각 조회
    if (l_cur_tm.CompareTo("083001") >= 0) // 8시 30분 이후라면 테스트용 시간:
000000 장 운영시간: 083001
    {
        // 계좌조회, 계좌정보 조회, 보유종목 매도주문 수행
        if (l_set_tb_accnt_flag == 0) // 호출 전
        {
            l_set_tb_accnt_flag = 1; // 호출로 설정
            set_tb_accnt(); // 호출
        }
        if (l_set_tb_accnt_info_flag == 0)
        {
            set_tb_accnt_info(); // 계좌정보 테이블 설정
            l_set_tb_accnt_info_flag = 1;
        }
        if (l_sell_ord_first_flag == 0)
        {
            sell_ord_first(); // 보유종목 매도
            l_set_tb_accnt_info_flag = 1;
        }
    }
    if (l_cur_tm.CompareTo("090001") >= 0) // 9시 이후라면 테스트용 시간: 000000 장
운영시간: 090001
    {
        for (;;) // 두 번째 무한루프 시작
        {
            l_cur_tm = get_cur_tm(); // 현재시각 조회
            if (l_cur_tm.CompareTo("153001") >= 0) // 15시 30분 이후라면 테스트용 시
간: 235959 장 운영시간: 153001
```

```
            {
                break; // 두 번째 무한루프를 빠져나감
            }

            // 장 운영시간 중이므로 매수 또는 매도주문

            real_buy_ord(); // 실시간 매수주문 메서드 호출

            delay(200); // 두 번째 무한루프 지연
            real_sell_ord(); // 실시간 매도주문 메서드 호출

            delay(200); // 0.2초 지연
            real_cut_loss_ord();// 실시간 손절 주문 메서드 호출
        }
    }
    delay(200); // 첫 번째 무한루프 지연
}
```

## 16.2 현재가 조회

1. Form1 클래스에 현재가 조회 플래그 변수와 현재가 변수를 선언하고 손절주문 대상 종목의 현재가를 조회하여 해당 종목의 현재가가 손절가를 이탈했는지 확인합니다.

```
int g_cur_price = 0; // 현재가
int g_flag_6 = 0; // 현재가 조회 플래그 변수가 1이면 조회 완료
```

2. real_cut_loss_ord 메서드에서 손절주문 대상 종목을 조회한 바로 다음 부분에 현재가 조회 요청을 추가합니다.

```
l_for_flag = 0;
g_cur_price = 0;

for (;;)
{
    g_rqname = "";
```

```
g_rqname = "현재가조회";
g_flag_6 = 0;
axKHOpenAPI1.SetInputValue("종목코드", l_jongmok_cd);

string l_scr_no = null;
l_scr_no = "";
l_scr_no = get_scr_no();

// 현재가 조회 요청
axKHOpenAPI1.CommRqData(g_rqname, "opt10001", 0, l_scr_no);
try
{
    l_for_cnt = 0;
    for (;;)
    {
        if (g_flag_6 == 1)
        {
            delay(200);
            axKHOpenAPI1.DisconnectRealData(l_scr_no);
            l_for_flag = 1;
            break;
        }
        else
        {
            write_msg_log("'현재가조회' 완료 대기 중...\n", 0);
            delay(200);
            l_for_cnt++;
            if (l_for_cnt == 5)
            {
                l_for_flag = 0;
                break;
            }
            else
            {
                continue;
            }
        }
    }
}
catch (Exception ex)
{
    write_err_log("real_cut_loss_ord() 현재가조회 ex.Message : [" + ex.Message
```

```
+ "]\n", 0);
    }

    axKHOpenAPI1.DisconnectRealData(l_scr_no);

    if (l_for_flag == 1)
    {
        break;
    }
    else if (l_for_flag == 0)
    {
        delay(200);
        continue;
    }
    delay(200);
}
```

## 3. axKHOpenAPI1_OnReceiveTrData 이벤트 메서드에서 요청명을 확인하는 부분에 case 문을 추가합니다.

현재가 조회 요청 예외 처리 코드 추가

```
private void axKHOpenAPI1_OnReceiveTrData(object sender, AxKHOpenAPILib._DK-
HOpenAPIEvents_OnReceiveTrDataEvent e) // Open API 요청에 대한 응답 이벤트 메서드
{
    if (g_rqname.CompareTo(e.sRQName) == 0) // 요청명과 Open API로부터 응답받은 요
청명이 같으면
    {
        ; // 다음으로 진행
    }
    else // 요청명과 Open API로부터 응답받은 요청명이 같지 않으면
    {
        write_err_log("요청한 TR   : [" + g_rqname + "]\n", 0);
        write_err_log("응답받은 TR : [" + e.sRQName + "]\n", 0);

        switch (g_rqname)
        {
            case "증거금세부내역조회요청":
                g_flag_1 = 1; // g_flag_1을 1로 설정하여 요청하는 쪽이 무한루프에 빠지
지 않게 함
                break;
```

```
            case "계좌평가현황요청":
                g_flag_2 = 1; // g_flag_2을 1로 설정하여 요청하는 쪽이 무한루프에 빠지
지 않게 함
                break;
            case "호가조회":
                g_flag_7 = 1;
                break;
            case "현재가조회":
                g_flag_6 = 1; // g_flag_6을 1로 설정하여 요청하는 쪽이 무한루프에 빠지
지 않게 함
                break;
            default: break;
        }
        return;
    }
```

4. axKHOpenAPI1_OnReceiveTrData 메서드에 '현재가조회' 요청에 대한 조건
   을 추가합니다.

**현재가 응답코드 작성**

```
    if (e.sRQName == "현재가조회") // 응답받은 요청명이 현재가조회라면
    {
        g_cur_price = int.Parse(axKHOpenAPI1.CommGetData(e.sTrCode, "", e.sRQName, 0,
"현재가").Trim());
        g_cur_price = System.Math.Abs(g_cur_price);

        axKHOpenAPI1.DisconnectRealData(e.sScrNo);

        g_flag_6 = 1;
    }
} // axKHOpenAPI1_OnReceiveTrData 메서드 종료
```

## 16.3 손절주문

손절주문 대상 종목의 현재가가 손절가를 이탈하면 해당 종목의 미체결 매도주문
을 매도취소하고 시장가로 손절 매도주문을 하게 합니다.

## 1. Form1 클래스에 앞의 내용을 처리하는 sell_canc_ord 메서드를 구현합니다.

```
public void sell_canc_ord(string i_jongmok_cd)
{
    OracleCommand cmd = null;
    OracleConnection conn = null;
    String sql = null;
    OracleDataReader reader = null;

    string l_rid = null;
    string l_jongmok_cd = null;
    int l_ord_stock_cnt = 0;
    int l_ord_price = 0;
    string l_ord_no = null;
    string l_org_ord_no = null;

    conn = null;
    conn = connect_db();

    sql = null;
    cmd = null;
    reader = null;

    cmd = new OracleCommand();
    cmd.Connection = conn;
    cmd.CommandType = CommandType.Text;

    // 주문내역과 체결내역 테이블 조회
    sql = @"select
                rowid rid,
                jongmok_cd,
                (ord_stock_cnt -
                ( select nvl(max(b.CHEGYUL_STOCK_CNT), 0) CHEGYUL_STOCK_CNT
                from tb_chegyul_lst b
                where b.user_id = a.user_id
                and b.accnt_no = a.accnt_no
                and b.ref_dt = a.ref_dt
                and b.jongmok_cd = a.jongmok_cd
                and b.ord_gb = a.ord_gb
                and b.ord_no = a.ord_no
            )) sell_not_chegyul_ord_stock_cnt,
                ord_price,
                ord_no,
                org_ord_no
            from
            TB_ORD_LST a
```

```
              where a.ref_dt = TO_CHAR(SYSDATE, 'YYYYMMDD')
              and a.user_id =      " + "'" + g_user_id + "'" +
          " and a.accnt_no =       " + "'" + g_accnt_no + "'" +
          " and a.jongmok_cd =      " + "'" + i_jongmok_cd + "'" +
          " and a.ord_gb = '1' " +
          " and a.org_ord_no = '0000000' " +
          " and not exists ( select '1' " +
          "                             from TB_ORD_LST b " +
          "                             where b.user_id = a.user_id " +
          "                             and b.accnt_no = a.accnt_no " +
          "                             and b.ref_dt = a.ref_dt " +
          "                             and b.jongmok_cd = a.jongmok_cd " +
          "                             and b.ord_gb = a.ord_gb " +
          "                             and b.org_ord_no = a.ord_no " +
          "                )";

cmd.CommandText = sql;
reader = cmd.ExecuteReader();
while (reader.Read())
{
    l_rid = "";
    l_jongmok_cd = "";
    l_ord_stock_cnt = 0;
    l_ord_price = 0;
    l_ord_no = "";
    l_org_ord_no = "";

    l_rid = reader[0].ToString().Trim();
    l_jongmok_cd = reader[1].ToString().Trim();
    l_ord_stock_cnt = int.Parse(reader[2].ToString().Trim());
    l_ord_price = int.Parse(reader[3].ToString().Trim());
    l_ord_no = reader[4].ToString().Trim();
    l_org_ord_no = reader[5].ToString().Trim();
    /////////////////////////////////////////////////////////////////////

    g_flag_5 = 0;
    g_rqname = "매도취소주문";

    String l_scr_no = null;
    l_scr_no = "";
    l_scr_no = get_scr_no();

    int ret = 0;
    // 매도취소주문 요청
    ret = axKHOpenAPI1.SendOrder("매도취소주문", l_scr_no, g_accnt_no,
                                 4, l_jongmok_cd, l_ord_stock_cnt,
                                 0, "03", l_ord_no);
```

```
    if (ret == 0)
    {
        write_msg_log("매도취소주문 Sendord() 호출 성공\n", 0);
        write_msg_log("종목코드 : [" + l_jongmok_cd + "]\n", 0);
    }
    else
    {
        write_msg_log("매도취소주문 Sendord() 호출 실패\n", 0);
        write_msg_log("i_jongmok_cd : [" + l_jongmok_cd + "]\n", 0);
    }

    delay(200);

    for (;;)
    {
        if (g_flag_5 == 1)
        {
            delay(200);
            axKHOpenAPI1.DisconnectRealData(l_scr_no);
            break;
        }
        else
        {
            write_msg_log("매도취소주문 완료 대기 중...\n", 0);
            delay(200);
            break;
        }
    }

    axKHOpenAPI1.DisconnectRealData(l_scr_no);

    delay(1000);
}

reader.Close();
conn.Close();
}
```

2. real_cut_loss_ord 메서드에서 현재가 조회 부분 바로 뒤에 다음 내용을 추
가합니다. 이 코드는 현재가와 손절가를 비교하여 현재가가 손절가를 이탈하
면 sell_canc_ord 메서드를 호출하여 미체결 매도주문을 취소하고 시장가로
매도주문을 하여 손절하게 합니다.

```
if (g_cur_price < l_cut_loss_price) // 현재가가 손절가 이탈 시
{
    sell_canc_ord(l_jongmok_cd);

    g_flag_4 = 0;
    g_rqname = "매도주문";

    String l_scr_no = null;
    l_scr_no = "";
    l_scr_no = get_scr_no();

    int ret = 0;

    // 매도주문 요청
    ret = axKHOpenAPI1.SendOrder("매도주문", l_scr_no, g_accnt_no,
                                 2, l_jongmok_cd, l_own_stock_cnt,
                                 0, "03", "");

    if (ret == 0)
    {
        write_msg_log("매도주문 Sendord() 호출 성공\n", 0);
        write_msg_log("종목코드 : [" + l_jongmok_cd + "]\n", 0);
    }
    else
    {
        write_msg_log("매도주문 Sendord() 호출 실패\n", 0);
        write_msg_log("i_jongmok_cd : [" + l_jongmok_cd + "]\n", 0);
    }

    delay(200);

    for (;;)
    {
        if (g_flag_4 == 1)
        {
            delay(200);
            axKHOpenAPI1.DisconnectRealData(l_scr_no);
            break;
        }
        else
        {
            write_msg_log("'매도주문' 완료 대기 중...\n", 0);
            delay(200);
            break;
        }
    }
```

```
        axKHOpenAPI1.DisconnectRealData(l_scr_no);
}
```

3. 시장가로 매도주문하여 손절주문을 완료하면 손절한 종목을 매수주문하지 않
   도록 TB_TRD_JONGMOK(거래종목) 테이블의 BUY_TRD_YN(매수거래여부)를 'N'으
   로 설정합니다. 해당 작업을 수행하는 update_tb_trd_jongmok 메서드를
   Form1 클래스에 다음과 같이 구현합니다.

```
public void update_tb_trd_jongmok(String i_jongmok_cd)
{
    OracleCommand cmd = null;
    OracleConnection conn = null;
    String l_sql = null;

    l_sql = null;
    cmd = null;
    conn = null;
    conn = connect_db();

    cmd = new OracleCommand();
    cmd.Connection = conn;
    cmd.CommandType = CommandType.Text;

    l_sql = @" update TB_TRD_JONGMOK set buy_trd_yn = 'N', updt_dtm = SYSDATE,
updt_id = 'ats' " +
            " where user_id = " + "'" + g_user_id + "'" +
            " and jongmok_cd = " + "'" + i_jongmok_cd + "'";

    cmd.CommandText = l_sql;

    try
    {
        cmd.ExecuteNonQuery();
    }
    catch (Exception ex)
    {
        write_err_log("update TB_TRD_JONGMOK ex.Message : [" + ex.Message + "]\n", 0);
    }

    conn.Close();
}
```

4. 앞에서 구현한 update_tb_trd_jongmok 메서드를 real_cut_loss_ord 메
서드에서 시장가 매도주문(손절주문)이 완료된 후에 호출합니다. 해당 메서드가
호출된 이후에는 real_buy_ord 메서드를 호출하면 해당 종목은 매수주문을
하지 않게 됩니다.

```
if (g_cur_price < l_cut_loss_price) // 현재가가 손절가를 이탈 시
{
    write_msg_log("현재가격이 손절가격을 이탈\n", 0);

    write_msg_log("sell_canc_ord() 시작\n", 0);
    sell_canc_ord(l_jongmok_cd);
    write_msg_log("sell_canc_ord() 완료\n", 0);

    g_flag_4 = 0;
    g_rqname = "매도주문";

    String l_scr_no = null;
    l_scr_no = "";
    l_scr_no = get_scr_no();

    int ret = 0;

    // 매도주문 요청
    ret = axKHOpenAPI1.SendOrder("매도주문", l_scr_no, g_accnt_no,
                                 2, l_jongmok_cd, l_own_stock_cnt,
                                 0, "03", "");

    if (ret == 0)
    {
        write_msg_log("매도주문 Sendord() 호출 성공\n", 0);
        write_msg_log("종목코드 : [" + l_jongmok_cd + "]\n", 0);
    }
    else
    {
        write_msg_log("매도주문 Sendord() 호출 실패\n", 0);
        write_msg_log("i_jongmok_cd : [" + l_jongmok_cd + "]\n", 0);
    }

    delay(200);

    for (;;)
    {
```

```
        if (g_flag_4 == 1)
        {
            delay(200);
            axKHOpenAPI1.DisconnectRealData(l_scr_no);
            break;
        }
        else
        {
            write_msg_log("'매도주문' 완료 대기 중...\n", 0);
            delay(200);
            break;
        }
    }

    axKHOpenAPI1.DisconnectRealData(l_scr_no);

    update_tb_trd_jongmok(l_jongmok_cd);
}
```

chapter 17

# 자동매매 시스템 실행

마지막으로 개발이 완료된 자동매매 시스템을 컴파일하고 실행하는 방법을 설명하겠습니다.

## 17.1 컴파일과 배포

지금까지 구현한 내용을 컴파일하고 배포하여 별도의 자동매매 시스템 프로그램을 만들겠습니다.

1. 비주얼 스튜디오의 주메뉴에서 [빌드 → ats 빌드]를 클릭합니다.

그림 17-1 자동매매 시스템 컴파일

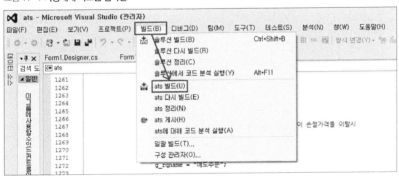

2. 비주얼 스튜디오 하단에 있는 출력창 메시지를 확인하여 컴파일 완료 여부를 확인합니다. 다음과 같은 메시지가 뜨면 됩니다.

========== 빌드: 성공 0, 실패 0, 최신 1, 생략 0 ==========

3. 다시 비주얼 스튜디오의 주메뉴에서 [빌드 → ats 게시]를 클릭합니다.

그림 17-2 자동매매 시스템 배포 실행

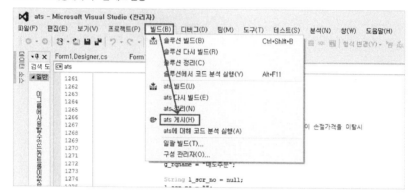

4. 게시 마법사 창이 뜨면 '이 응용프로그램을 게시할 위치 지정'에서 위치를 'C:\ats'로 입력한 후 [마침] 버튼을 클릭합니다.

그림 17-3 자동매매 시스템 배포 경로 설정

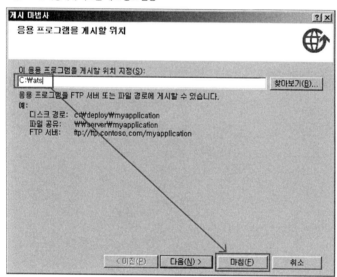

5. C:\ats 폴더로 가서 setup.exe 파일을 실행하면 응용 프로그램 설치 창이 뜹니다. 하단의 [설치] 버튼을 클릭합니다.

그림 17-4 자동매매 시스템 배포 프로그램 설치

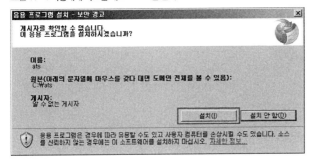

6. 설치가 완료되면 자동매매 시스템이 실행됩니다. 윈도우 시작 메뉴에 'ats'라
   는 프로그램이 추가되었는지 확인합니다.

## 17.2 실행과 로그인

1. 윈도우의 [시작 → 모든 프로그램 → ats → ats]를 클릭하면 자동매매 시스템
   이 실행되고 다음과 같은 화면이 뜹니다.

그림 17-5 자동매매 시스템 실행

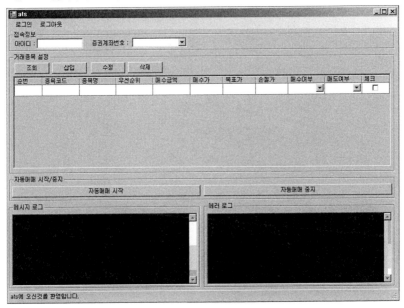

2. 상단의 [로그인]을 클릭하면 다음 그림과 같이 키움증권 로그인 창이 뜹니다. 여기에 2장에서 키움증권에 가입할 때 설정한 ID, 비밀번호 등을 입력합니다. '모의투자 접속'을 체크하면 모의투자로 접속되고 인증비밀번호를 입력하지 않아도 됩니다.

그림 17-6 키움증권 Open API 로그인 창

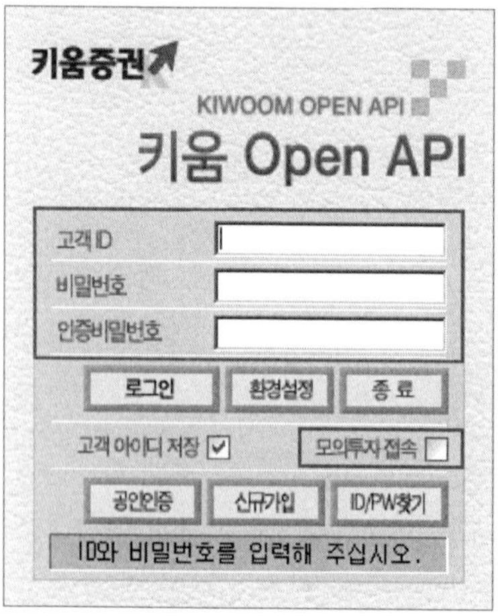


키움증권 아이디, 비밀번호, 공인인증 비밀번호를 입력합니다.

모의투자일 때 체크하며
모의투자일 때는 공인인증 비밀번호는 입력하지 않습니다.

3. 로그인에 성공하면 자동매매 시스템에 아이디와 증권계좌번호 정보가 보이고 하단의 상태창에 '로그인 완료' 메시지가 뜹니다.

그림 17-7 로그인 완료

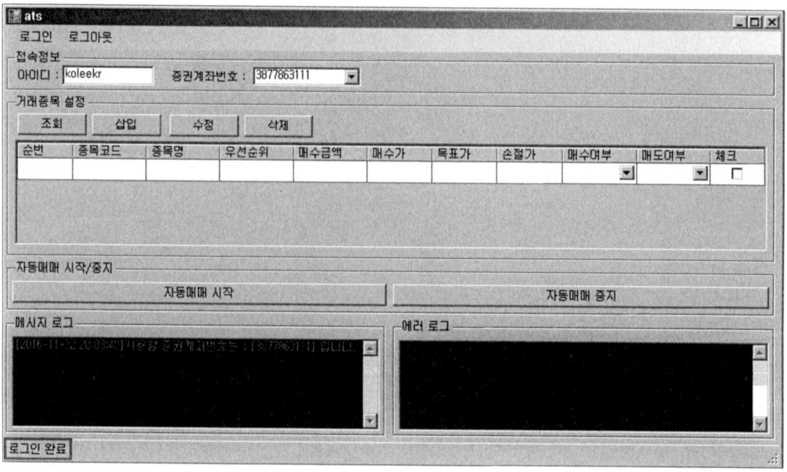

## 17.3 증권계좌 비밀번호 등록과 자동 로그인 설정

키움증권의 증권계좌 비밀번호를 등록하고 자동 로그인을 설정해보겠습니다. 자동매매 시스템에 로그인하면 윈도우 창 우측 하단의 트레이에 Open API 실행 아이콘이 생깁니다. 이 아이콘에 마우스를 대고 오른쪽 버튼을 클릭하면 '계좌비밀번호 입력' 창이 실행됩니다. '계좌확인' 란에 증권계좌 비밀번호를 입력하고 [등록] 버튼을 누르면 증권계좌 비밀번호가 등록되는데, 이때 'AUTO'를 체크하면 자동 로그인으로 설정됩니다.

그림 17-8 증권계좌 비밀번호 등록과 자동 로그인 체크

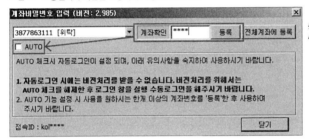

증권계좌 비밀번호 등록 후 AUTO를 체크합니다.

## 17.4 거래종목 설정

자동매매 시스템은 거래할 종목을 사용자가 직접 지정합니다. '거래종목 설정' 그리드창에 종목코드, 종목명, 우선순위, 매수금액, 매수가, 목표가, 손절가, 매수여부, 매도여부를 입력하고 오른쪽 끝에 있는 체크 박스까지 체크한 후 [삽입] 버튼을 클릭하면 거래종목이 설정됩니다.

그림 17-9 거래종목 설정

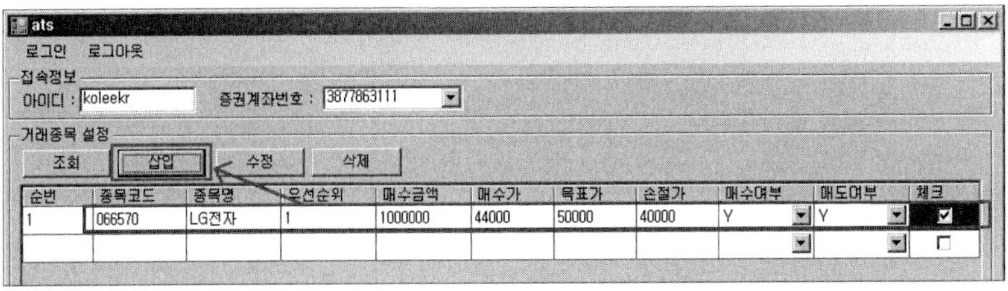

| 순번 | 종목코드 | 종목명 | 우선순위 | 매수금액 | 매수가 | 목표가 | 손절가 | 매수여부 | 매도여부 | 체크 |
|---|---|---|---|---|---|---|---|---|---|---|
| 1 | 066570 | LG전자 | 1 | 1000000 | 44000 | 50000 | 40000 | Y | Y | ☑ |

## 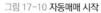 자동매매 시작과 중지

모든 설정이 끝나고 자동매매 시스템에서 [자동매매 시작] 버튼을 클릭하면 자동
매매를 시작합니다. 자동매매를 중지하려면 [자동매매 중지] 버튼을 클릭하면 됩
니다.

그림 17-10 **자동매매 시작**

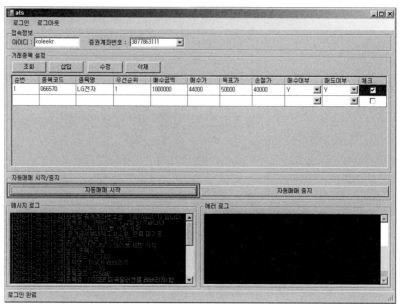

지금까지 키움증권 Open API를 이용하여 주식 자동매매 시스템을 구축하였습
니다. 이 책에서는 키움증권 Open API의 가장 기본적인 기능들만 다루었습니
다. 실제로 Open API는 이 책에서 다룬 내용 말고도 방대한 정보와 기능을 제공
합니다. 이 책을 기반으로 키움증권 Open API의 더 다양한 기능을 연구한다면
좀 더 좋은 자동매매 시스템이 될 것입니다.

누구나 자신만의 자동매매 시스템으로 주식투자를 하여 더 높은 수익률을 달성하
고, 개인투자자들의 자금이 주식시장을 떠나지 않는다면 대한민국 경제는 한 단계
더 도약할 수 있다고 생각합니다. 이 책을 보신 모든 분의 성공투자를 기원합니다.